T0329293

THE CAMBRIDGE CONTACT READERS

General Editors: E. K. BENNETT, M.A., and G. F. TIMPSON, M.A.

Series IV

YESTERDAY AND TODAY IN GERMANY

DES DEUTSCHEN VATERLAND. I

EDITED BY

E. K. OSBORN, M.A.

WILLASTON SCHOOL

CAMBRIDGE

AT THE UNIVERSITY PRESS

1937

CAMBRIDGE
UNIVERSITY PRESS

University Printing House, Cambridge CB2 8BS, United Kingdom

Cambridge University Press is part of the University of Cambridge.

It furthers the University's mission by disseminating knowledge in the pursuit of
education, learning and research at the highest international levels of excellence.

www.cambridge.org
Information on this title: www.cambridge.org/9781107494572

© Cambridge University Press 1937

First published 1937
Re-issued 2015

A catalogue record for this publication is available from the British Library

ISBN 978-1-107-49457-2 Paperback

INTRODUCTION

It is a great pleasure to introduce Dr Georg Kamitsch, who is widely known in Germany for his books on life in England, the Empire and the United States.

In this book the author takes an English schoolboy on a most lively tour through South Germany, during which he sees the country and mixes with its inhabitants in a great variety of circumstances.

Germany and its people are described with a glow of genuine enthusiasm, which the editor has not dimmed despite the difficult task of preparing the work of an experienced foreign author for use in the class-room.

In Part II of *Des Deutschen Vaterland* David Hayes will return to Germany as an Oxford undergraduate, to share the daily life on an East Prussian farm, at Jena University and in a Saxon home, varied by motor-cycle tours in Central Germany and along the Baltic coast. Part I is designed to be read at the beginning of the Certificate year or end of the pre-Certificate year, with Part II following two or three terms later, or perhaps even as late as the term after the School Certificate, as an introduction to German Realien.

G. F. TIMPSON

STONEHOUSE, GLOS.

31 *March* 1937

Inhaltsverzeichnis

Des Deutſchen Vaterland. I

I. In Köln

Der Schnellzug Paris-Köln hatte ſoeben Aachen verlaſſen. In einem Abteil zweiter Klaſſe ſaßen Mr Wilſon aus London und ſein junger Freund David Hayes. Mr Wilſon war ſchon vor dem Krieg viel in Deutſchland gereiſt; er ſtudierte an einer

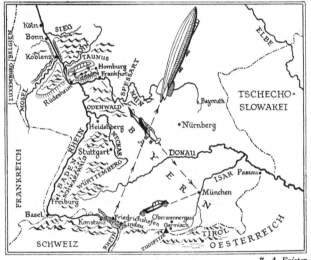

Reiſekarte

J. A. Foiſter

deutſchen Univerſität und nachher war er Vertreter einer engliſchen Firma, die ihn überall in Deutſchland hinſchickte. David Hayes hatte zu Oſtern die Schule verlaſſen und von ſeinem Vater die Erlaubnis zu einer Deutſchland-Reiſe bekommen. Er verſtand ſchon Deutſch, hatte bereits das School Certificate hinter ſich; nun ſollte er das Land und die Umgangsſprache kennen lernen.

„In Köln schließen wir uns aber nicht wieder der Cook'schen Rundfahrt an, wie wir es in Paris machten; da führe ich dich," sagte Mr Wilson. „Du weißt doch, daß ich auch nach dem Waffenstillstand bei der Besatzungsarmee in Deutschland war; so kann ich dir alles erklären."

„Ich hatte ja ganz vergessen," antwortete David, „daß du mit unsern Truppen in Deutschland warst. War es nicht gleich nach dem Kriege unangenehm, als Sieger im besiegten Deutschland zu sein? Waren die Deutschen damals noch immer so fürchterlich, wie sie während des Krieges waren?

„Die meisten Engländer, die als Soldaten nach dem Kriege in Deutschland waren, haben sich hier sehr wohl gefühlt. Du wunderst dich darüber? Da haben wir mit eignen Augen gesehen, daß die Deutschen nicht die Unmenschen sind, als die sie während des Krieges von der Presse ihrer Feinde geschildert wurden. Unsre Landsleute haben die Deutschen als ein Volk kennen gelernt, das uns ähnlich ist. Ich wenigstens habe mich gefreut, daß ich Gelegenheit hatte, meine alten Freunde wieder zu besuchen. Und ich kann dir sagen, daß ich mit den angenehmsten Eindrücken abgefahren bin. Doch schau, da siehst du in der Ferne schon den Kölner Dom!"

„Die Türme sind sehr hoch, nicht wahr?" bemerkte David.

„Ja sicher, das kann man schon aus der Ferne sehen. Weißt du, die Deutschen haben sechs Jahrhunderte an diesem Dom gebaut; es ist die älteste gotische Kirche Deutschlands. Der Kölner Dom ist ihnen ein Wahrzeichen, so wie uns etwa die Westminster Abtei. Als die Besatzungstruppen die Kölner Zone verließen, da wurde das Glockengeläut durch Radio über alle Sender übertragen, und im Palast wie in der Hütte lauschte man voller Andacht dem tiefen Klang dieser Glocken. Du lachst? Du wirst noch oft Proben deutscher Sentimentalität bekommen. Doch wir sind bald da; soll ich dir den Gepäckschein übergeben?"

Scherlverlag

Der Kölner Dom

„Dann muß ich unsern Hoteldiener am Bahnhof suchen, und er nimmt den Schein und besorgt alles, nicht wahr?"

Der folgende Vormittag wurde der Besichtigung Kölns gewidmet. Immer wieder zog es David Hayes zu dem Dome hin, den er nicht genug bewundern konnte; immer wieder ging sein Auge hoch an dem ragenden Kunstwerk, vorbei an den tausend Verzierungen und Schnörkeln, immer höher hinauf zur Spitze. Er hatte schon in der Schule gehört, daß die Deutschen ein kunstliebendes Volk wären. Da klang jetzt zu Mittag die gewaltige St. Peters=Glocke:

> Sankt Peter bin ich genannt,
> Schütz' das deutsche Land,
> Geboren aus deutschem Leid,
> Ruf' ich zur Ewigkeit.

II. „Am Rhein, am grünen Rheine..."

Am andern Morgen bestiegen sie den Dampfer, der sie den Rhein aufwärts nach Mainz bringen sollte. Durch ebenes Land zog der Strom dahin, und David wunderte sich schon, wo denn die besonderen Reize der Gegend waren, die sein Freund so gerühmt hatte; er konnte wirklich nichts entdecken.

„Da ist Bonn," sagte Mr Wilson, als sie an einer mittelgroßen Stadt vorbeifuhren, „die alte Universitätsstadt des Rheinlands. Hier studierten früher die Söhne des Kaisers."

Nun wurde die Landschaft abwechslungsreicher; Hügel und Berge erhoben sich zu beiden Seiten des Stromes, trotzige Felsen drohten manchmal, dem Strome den Lauf zu versperren. In kleineren Gruppen saßen die Fahrgäste auf Deck und schauten auf die Schönheiten des Vaterlandes, an denen das Schiff sie vorbeiführte. In einer Ecke war man sehr leb=

haft; eine größere Gesellschaft saß da zusammen. Schon sing einer an zu singen; die anderen fielen begeistert ein. David fragte seinen Freund, was sie wohl sangen. „Sie singen ein beliebtes Lied, das den jungen Menschen warnt, nur nicht an den Rhein zu ziehen, weil die Gefahr besteht, daß er seinen Geburtsort völlig vergißt, der in einem anderen Teil Deutschlands liegt. Hörst du, wie sie singen:

Lebhaft.

1. „An den Rhein, an den Rhein, zieh nicht an den Rhein, mein
2. Dich be- zau- bert der Laut, dich be- tört der Sinn, Ent-

Sohn, ich ra- te dir gut! Da
zück- en faßt dich und Graus! Nun

geht dir das Leben zu lieb- lich ein, da
singst du nur im- mer: Am Rhein, am Rhein! und

blüht dir zu freu- dig der Mut.
keh- rest nicht wie- der nach Haus!"

Es war eine wunderhübsche Melodie, und lange hörten die beiden Freunde zu.

„Ich wundere mich, daß wir so vielen Kohlen= und anderen Frachtdampfern begegnen," bemerkte David. „Wohin fahren sie eigentlich? Man sieht sie nach beiden Richtungen dampfen."

„Der Rhein ist eine große Verkehrsstraße für Deutschland.

Du weißt ja schon, daß unterhalb von Köln die großen Kohlen=
felder liegen; von da kommen die Kohlendampfer und fahren
die Kohlen nach Süddeutschland, das gar keine Kohle hat.
Andrerseits siehst du Kähne stromabwärts fahren. Sie bringen
die Erzeugnisse der deutschen Industrie nach Rotterdam, von
wo sie nach Übersee gehen."

Reichsbahn

Schloß Gutenfels und die Pfalz

„Was ist denn das für ein altes Gebäude?" fragte plötzlich
David, indem er auf ein altes Schloß zeigte.

„Das ist sicherlich ein Herrenschloß," antwortete Mr Wilson.
„Von ihnen wirst du hier viele sehen. Da ist schon wieder
eins. In früheren Jahrhunderten haben Ritter und Adlige hier
ihre Schlösser gebaut, um die Schönheit der Landschaft zu ge=
nießen und auch um die vorbeifahrenden Schiffe zu berauben."

„So gab es schon damals viel Verkehr auf dem Rhein?"

„Ja, das Rheinland war in früheren Jahrhunderten ge=

wissermaßen der Mittelpunkt Deutschlands; es war das Land, in dem der regste Geschäftsverkehr herrschte. Am Rhein pulsierte auch das geistige Leben; hier empfingen Religion und Kunst, Recht und Sitte stärkste Antriebe. Am Rhein sind die bedeutendsten Dome, nämlich die von Köln, Mainz und Freiburg und das Straßburger Münster, das die Deutschen auch gebaut haben. Hier im Rheinland versammelten sich einst die deutschen Fürsten, um den Kaiser zu wählen, der in Aachen oder in Frankfurt gekrönt wurde; in den rheinischen Domen und Abteien liegen die meisten von ihnen begraben. So ist es nicht nur die Schönheit der Natur, sondern auch die Vergangenheit, die den Deutschen an den Rhein zieht. Nach dem Rhein schauen sie alle mit einer stillen Verehrung und Bewunderung. Der Rhein ist den Deutschen mehr als uns die Themse; er ist ihnen dasselbe wie den Indern der Ganges, ein heiliger Fluß. Achte doch nur auf die Gesichter der Deutschen, die um uns herum sitzen! Du wirst bald entdecken, es ist nicht allein die Freude an der schönen Natur, sondern auch innere Befriedigung, die man auf ihren Gesichtern sieht."

Weiter ging die Fahrt, immer schöner wurden die Ausblicke, die sich den beiden Freunden boten. An Straßen, mit Obstbäumen bepflanzt, und an Gärten glitten ihre Blicke entlang; Berge und Hügel, Burgen und Klöster, Städte und Villen zogen an ihnen vorüber. Hier konnte sich in der Tat die Phantasie ausmalen, was Jahrhunderte an den Ufern des Flusses gesehen hatten. Und schon sah man die ersten Weinberge, denn sie näherten sich dem Rheingau, wo die edelsten und kostbarsten Reben wachsen. Lebhafter wurde der Verkehr an den Ufern; aus den Weinbergen scholl freudiges Lachen herüber, ertönte froher Gesang. Auch auf dem Schiff wurde die Stimmung immer lustiger, Lachen und Singen wollten kein Ende nehmen.

Da bat David Hayes Mr Wilson, die Fahrt zu unterbrechen und einen Abend im Weingebiet zu verbringen.

„Ja, gerne," sagte dieser; und als der Dampfer gegen Abend in Rüdesheim anlegte, da gingen die beiden Reisenden an Land.

Durch die kleine Stadt mit den engen Gassen und anmutigen Winkeln gingen sie hinaus in die Weinberge, auf denen die Weinstöcke in peinlicher Ordnung standen, was Davids große Verwunderung erregte. „Das ist deutsch, diese Ordnung und fast übertriebene Genauigkeit," bemerkte Mr Wilson. Hier und da sahen sie die Besitzer, die nach des Tages Arbeit in ihre Gärten gingen, mit liebevollen Augen alles betrachtend, hier und da noch etwas verbessernd. Mit welcher Liebe hingen ihre Augen an ihrem Besitz; die Reben, das war ihr kost= barster Schatz. „Rheinland — das heißt Weinland."

Längst war der Vollmond aufgegangen, da setzten sich die beiden Freunde in einem Gartenrestaurant nieder, mitten hinein in die vergnügt lachende und singende Menschenschar, und genossen den Abend. Aus der Ferne ertönte Gesang, zuerst eine helle Stimme, dann fiel der Chor ein:

Der Mond ist auf-ge-gan-gen, die goldnen Stern-lein

pran-gen am Him-mel hell und klar.   Der

Wald steht schwarz und schweiget, und aus den Wiesen

stei-get der weiße Nebel wun-der-bar.

Rheinland — das heißt Weinland

„Nun siehst du, was deutsche Gemütlichkeit ist," sagte Mr
Wilson. Und als sie in ihr Hotel gingen, da mußten sie doch
nochmals zum Rheinufer hinunter, um die Stimmung zu
genießen. Da hörten sie:

> Ich weiß nicht, was soll es bedeuten,
> Daß ich so traurig bin....

„Da hast du den typischen Deutschen. Neben aller aus-
gelassenen Freude, von der du heute Abend genug Proben
bekommen hast, immer wieder die Sentimentalität, der er sich
nur allzu gerne hingibt."

III. Durch den Taunus

„Ich möchte unsern Reiseplan ändern, David," sagte am
anderen Morgen Mr Wilson, als sie sich an einem strahlenden
Sommermorgen am Frühstückstisch auf der Gartenterrasse des
Hotels niederließen. „Ich schlage vor, wir verzichten auf die
weitere Rheinfahrt, — nun mach' nicht ein so enttäuschtes
Gesicht — sie bietet nicht viel Neues mehr; das Schönste und
Interessanteste hast du bereits gesehen. Zum Ersatz biete ich
dir dafür etwas, was ich nicht in unserem Plan vorgesehen
hatte, was dich aber als Engländer interessieren wird: den
Besuch zweier Bäder, die von unseren Landsleuten sehr ge-
schätzt und besucht werden. Du kennst deren Namen schon:
Wiesbaden und Homburg; und wenn ich dir auch sage, daß
wir durch einen schönen, alten Wald fahren, so kannst du
schon zufrieden sein. Als ich vorhin einen kleinen Spaziergang
um unser Hotel machte, sah ich einen modernen eleganten
Autobus stehen, der uns über Wiesbaden und Homburg nach
Frankfurt am Main bringt. Wie wär's also, wenn wir einen
kleinen Abstecher machten?"

„Einverstanden."

Nach einer Stunde saßen sie in dem bequemen Stromlinien=
autobus, der sie in schneller Fahrt aus dem Rheingau heraus=
fuhr und nach Wiesbaden brachte. David lernte eine elegante,
ganz ins Grüne gebettete Stadt kennen. In ihrer Mitte lag
ein Kurpark mit den warmen Quellen, die von vielen Kranken
besucht wurden. Auf gepflegten Parkwegen gingen die Kur=
gäste auf und ab, mit ihren Brunnengläsern in der Hand. Sie
betrachteten die anderen Kurgäste, begrüßten Freunde und

Reichsbahn

Bad Homburg

Bekannte, plauderten, oder hörten den angenehmen Klängen
des Orchesters zu. Es waren nicht nur Deutsche; man hörte
englisch, französisch, italienisch, holländisch und auch andere
Sprachen.

Von Wiesbaden fuhren sie nach kurzer Mittagspause mit
dem Autobus durch die wundervollen alten Wälder des
Taunus, eines deutschen Mittelgebirges, dessen höchste Erhe=
bung, den Feldberg, sie auf ihrer Fahrt wiederholt erblickten.
So kamen sie nach Bad Homburg.

„Das iſt das Bad der Engländer, David,“ erklärte Mr
Wilſon. „Hier pflegte unſer König Eduard VII. immer eine
Kur durchzumachen, beſonders weil hier ganz in der Nähe
ſeine Schweſter, die Kaiſerin Friedrich, ihr Schloß hatte; ſie
lebte dort in völliger Zurückgezogenheit nach dem ſo frühen
Tode ihres Gatten, des ritterlichen Kaiſers Friedrich. Die

Reichsbahn

Goethes Arbeitszimmer, Frankfurt am Main

Anweſenheit unſeres Königs hat damals viele Engländer
angezogen, die Homburg bis auf den heutigen Tag treu
geblieben ſind. Welches der beiden Bäder gefällt dir
beſſer?“

„Ich glaube, ich würde Homburg vorziehen.“

„Warum denn?“

„Sieh mal die ausgedehnten Raſenflächen und die weiten

Golfplätze; es erinnert mich an England. Wiesbaden ist eine ziemlich große Stadt; hier ist Natur."

In einer weiteren halben Stunde waren sie in Frankfurt am Main, der alten vornehmen Handelsstadt. Mr Wilson führte seinen Freund zu dem Haus, in dem Goethe geboren wurde und seine Jugendjahre verbrachte, und an den Dom, in dem die deutschen Kaiser einst gekrönt wurden.

Als Goethe fünfzehn Jahre alt war, fand in Frankfurt eine Kaiserkrönung statt. „Ich eilte durch allerlei Gänge hinunter an die große Römerstiege," so schrieb er, „und kam glücklich oben an das eiserne Geländer. Nun stiegen die Hauptpersonen an mir vorüber, und ich konnte sie zuletzt ganz in der Nähe betrachten. Endlich kamen auch die beiden Majestäten herauf. Der Kaiser bewegte sich in seinem Anzug ganz bequem. Der junge König aber schleppte sich in den ungeheuren Gewandstücken mit den Kleinodien Karls des Großen wie in einer Verkleidung einher, so daß er selbst, von Zeit zu Zeit den Vater ansehend, sich des Lächelns nicht enthalten konnte. Zepter und Reichsapfel setzten mich in Verwunderung."

IV. Süddeutsche Gefilde aus der Vogelschau

Donnernd erhob sich am nächsten Morgen eine dreimotorige Junkersmaschine vom Flugplatz bei Frankfurt. In bequemen Sesseln saßen Mr Wilson und sein Freund und schauten zum Fenster hinaus. Das Flugzeug schoß über den Main hinweg und nahm seinen Kurs nach Süden. Nach kurzer Flugdauer merkten sie, wie die Maschine zwischen zwei mittelhohen Gebirgen hindurchsteuerte. Auf einer Karte, die der Pilot seinen Fahrgästen reichte, sahen sie, daß rechts von ihnen der Odenwald und links der Spessart lag. David Hayes bemerkte, wie außerordentlich viel Wald sie schon auf ihrer kurzen Reise

gefehen hatten; ganz im Gegenfatz zu England, wo es faft
keinen Wald mehr gab. Er war ganz begeiftert von dem
fchönen Bilde, das die weiten dunklen Tannenwälder machten,
die mit ausgedehnten Laubwäldern abwechfelten. Als fie das
Gebirge verlaffen hatten, änderte fich das Bild vollkommen.
Da waren Ackerfelder, grüne Wiefen und Weiden; fpärlicher
wurde der Wald, es fchien ein fruchtbarer Boden zu fein, denn
überall fah er Landleute auf den Feldern arbeiten.

„Schau nach Weften, David," rief Mr Wilfon, „das ift
Württemberger Land; die Bewohner heißen Schwaben.
Diefes Volk foll viel Phantafie und Geift haben, denn hier
lebten Schiller, Wieland und Uhland; du haft fchon einige
ihrer Gedichte in der Schule kennengelernt, nicht wahr?"

An großen Städten kamen fie nicht vorbei; es waren nur
verfchlafene Landftädtchen, über die fie in fchnellem Fluge
hinwegbrauften.

„Wo find denn eigentlich die Fabriken?" fragte David.
„Das Land, über das wir hinwegfliegen, macht doch nicht den
Eindruck, als wären wir in dem induftrialifierten Deutfchland,
von dem man uns in der Schule gefprochen hat."

„Wir haben einen Zipfel von Württemberg überflogen,"
antwortete fein Freund, „und find jetzt in Bayern. Hier in
Süddeutfchland gibt es keine große Induftrie; der Bayer
liebt Handel und Induftrie nicht; und wenn wir auf unferem
Fluge zuweilen auch hier und da mal einen Schornftein ge=
fehen haben, fo haft du doch ficher den Eindruck, daß die große
Maffe der Bevölkerung hier Bauern find, die feit vielen Jahr=
hunderten Ackerbau und Viehzucht treiben."

Nachdem fie eine Zeitlang in der Ebene weitergeflogen
waren, fahen fie plötzlich in der Ferne ein filbergraues Band.
„Da hinten ift die Donau!" hörten fie einen der anderen
Fahrgäfte ausrufen, und fchon wandten fich alle Augen zu
dem Strom, der auf deutfchem Boden entfpringt, feinen

majeſtätiſchen Lauf durch deutſche Lande nimmt und ſie mit
dem Oſten verbindet.

„Ach, die Donau iſt aber ein kleiner Fluß! Die hatte ich mir
ganz anders vorgeſtellt," ſagte David enttäuſcht.

„Du darfſt nicht vergeſſen, daß ſie hier gerade ihren erſten
Nebenfluß bekommen hat; aber wenn ſie deutſchen Boden
verläßt, bei Paſſau, iſt ſie ein bedeutender Strom, der um ſo
größer wird, je länger er durch Öſterreich und Ungarn dahin=
ſtrömt. Aber paß auf, bald werden wir Bayerns Hauptſtadt
ſehen können." Mr Wilſon ſchaute durch ſeinen Feldſtecher, ließ
ihn aber bald wieder ſinken; in dem Dunſt war nichts zu
erkennen. Aber ſchon nach wenigen Minuten ſah man die
Türme der Frauenkirche, Münchens altes Wahrzeichen. Dann
ſtieg die Maſchine in elegantem Gleitflug ſchräg herab und
brauſte über das Rollfeld des Münchener Flughafens. Die
ſchöne Fahrt war beendet.

V. Ein Abend im Hofbräuhaus

„Das iſt aber eine Enttäuſchung! Ich wollte dich heute Abend
mit einem urwüchſigen Bayern bekannt machen, den ich vor
Jahren in Deutſchland kennen lernte; da höre ich eben am
Fernſprecher, daß er auf einige Tage verreiſt iſt. Das iſt ſehr
ſchade. Nun, dann müſſen wir uns allein auf den Weg
machen und von München ſo viel wie möglich ſehen," ſagte
Mr Wilſon zu ſeinem Freunde und ging mit ihm durch die
Drehtür ſeines Hotels ins Freie. „Da es heute zu ſpät iſt, die
Sehenswürdigkeiten Münchens zu genießen, gehen wir gleich
ins Hofbräuhaus; da lernſt du den richtigen Bayern am beſten
kennen."

Eine Wolke von dickem Rauch empfing die beiden, als ſie den

Keller des berühmten Hofbräuhauses betraten. „So ein Dunst!" bemerkte David. „Zigarren sind ja sehr billig hier in Deutschland, nicht wahr?"

Sie gingen hinein. Da hörten sie ein lautes Gewirr von lachenden, schreienden Stimmen. Eilig rannten Kellnerinnen hin und her, unglaublich viele Bierkrüge in der Hand. Alle

A. Lengauer, München

München: Jsarpartie

Tische waren besetzt, und fast sah es so aus, als ob kein Platz mehr frei sein würde. Da entdeckte Mr Wilson an einem Tische, an dem drei junge Männer saßen, noch zwei freie Plätze, und sie setzten sich. Im nächsten Augenblick hatte eine Kellnerin zwei große Krüge mit Bier mit einem freund= lichen „Grüß Gott, die Herren" hingestellt.

„Profit, David!" rief Mr Wilson seinem jungen Freunde

zu. Dieser hatte sich von seinem Erstaunen noch nicht erholt; überrascht sah er um sich. Wo in aller Welt hatte ihn denn Mr Wilson hingeführt? Der hielt doch sehr auf Formen; wie kam er dann dazu, ihn gerade hierher zu führen, in dieses Kellerlokal, in dem man auf unbequemen Holzschemeln an blank gescheuerten Tischen saß, die mit keinem Tischtuch bedeckt waren; wo der Schankraum den allerprimitivsten Eindruck machte, wo die Höflichkeit verbannt zu sein schien? Die Menschen benahmen sich wenig vornehm, sprachen laut, lachten laut; den besten Kreisen schienen sie nicht anzugehören. Aber als er genauer hinschaute, glaubte er, daß an dem Nachbartische der Herr neben dem Dienstmann sicher ein höherer Beamter oder ein Gelehrter sei; auch andere, die er beobachtete, machten einen guten Eindruck. Hier saß, so schien es ihm, alles durcheinander, hoch und niedrig, arm und reich.

„Prosit!" riefen die drei jungen Deutschen Mr Wilson zu, und sofort nahm auch David den schweren Krug. und trank ihnen zu. Das war das Zeichen für den Beginn einer Unterhaltung, die zuerst Mr Wilson allein führte. David hörte heraus, daß es drei Studenten waren, zwei Bayern und ein Norddeutscher aus Stettin, der das Sommersemester in München studierte. Da David den Norddeutschen am besten verstand, versuchte er, sich mit ihm zu unterhalten. Er hatte wohl Davids Erstaunen im Anfang bemerkt, denn er sagte: „Ihnen als Ausländer kommt sicher die ganze Umgebung hier reichlich sonderbar vor."

„Wie meinen Sie, bitte?"

„Ich wollte sagen, dieses Kellerlokal ist für Sie etwas Fremdes; ich als Norddeutscher mußte mich auch erst daran gewöhnen. Heute leugne ich aber nicht, daß mir das Leben hier sehr gut gefällt. München ist, das können Sie mir glauben, die heiterste Großstadt Deutschlands; hier lacht alles, zwar derb und laut, aber stets harmlos. Gehen Sie hinaus auf die

Straßen und Plätze und beobachten Sie die Menschen, oder gehen Sie in andere Lokale: stets werden Sie vergnügte Menschen finden, die eine Einheit bilden; die oberen Klassen sind ohne Hochmut, die niederen ohne Demut oder Trotz; alles vermischt sich."

„Wie kommt denn das?" fragte David.

„Es ist einfach bayrisch," sagte der Stettiner, „und der große Zauberer, der dies macht, heißt Bier.

„Ist das Bier denn eigentlich so wichtig?"

„Den Bayern ohne sein Bier gibt es nicht; ohne Bier will er gar nicht arbeiten. Ich sehe Sie lächeln; vielleicht denken Sie, ich übertreibe. Es ist aber nicht der Fall. Ich will es Ihnen gleich beweisen. Im Weltkriege, als bei uns in Deutschland die Lebensmittel sehr knapp waren und die Heeresleitung Sorgen über Sorgen hatte, achtete sie streng darauf, daß die bayrischen Divisionen ihr Bier hatten; denn ohne Bier machten sie nichts. Dies Getränk paßt völlig zu ihrem Wesen; es ist kräftig, derb, aber gar nicht so stark wie Ihr englisches Bier."

„Das kann ich schon glauben," sagte David. „Aber sagen Sie doch bitte, warum trinkt man denn so wenig Wein hier?"

„Weil das Klima hier rauher ist als an den sonnigen Ab=hängen des Rheins; die Rebe verträgt das nicht. So wird hier Bier gebraut, das billig ist; und gerade weil es billig ist, zieht es arm und reich, hoch und niedrig zusammen, wie Sie es hier sehen....Haben Sie schon die Türme der Frauenkirche gesehen?"

„Jawohl! wir sind mit dem Flugzeug gefahren; man kann die beiden Türme schon aus der Ferne erkennen."

„Ist Ihnen dabei nichts aufgefallen? Die Türme haben keine Spitzen. Wissen Sie, was der Volksmund daraus ge=macht hat? Als die Türme noch im Bau waren, ging das

München: Marienplatz mit Rathaus und Frauenkirche

Geld zu Ende; so hat man statt der Spitzen zwei Maßkrüge draufgesetzt, weil es für eine Bierstadt geeigneter sei. Sie sehen — das Bier spielt bei diesem Volke überall seine Rolle. Dann muß ich Ihnen noch sagen, daß der Bayer der Lehrmeister der Brauereikunst für alle Kulturvölker der Welt bis Japan geworden ist.... Doch wir haben zu viel geredet und zu wenig getrunken; das liebt man hier nicht, drum Prosit! Schmeckt es Ihnen wenigstens?"

„Mir schmeckt das Bier ganz ausgezeichnet, obgleich ich nicht so viel trinken kann wie Ihre beiden Freunde."

„Aber nun mal von was anderem als von Bier. München hat wahrlich andere Vorzüge genug, die Ihnen gefallen werden; kennen Sie München als Universitäts= und Kunststadt? Waren Sie schon einmal im Deutschen Museum? Kennen Sie die geradezu wunderbare Umgebung?"

„Nein, wir sind ja erst heute angekommen; wir wollten aber in den nächsten Tagen einen Ausflug in die Berge machen."

„David," rief hier Mr Wilson, der sich die ganze Zeit mit den beiden anderen Deutschen unterhalten hatte, „diese Herren fahren übermorgen auf die Zugspitze; du bist doch einverstanden, daß wir uns anschließen? Ich habe bereits zugesagt."

VI. Auf Deutschlands höchstem Berge

Den nächsten Tag widmeten sie der Besichtigung Münchens. Dabei erfuhr David, daß München als Kunststadt ebenso bekannt ist wie als Bierstadt. Seit der Zeit König Ludwigs II. (1864–1886), des Freundes des großen deutschen Musikers Richard Wagner, ist die bayrische Hauptstadt der Mittelpunkt der

jungen Künstler, die in ihrem sogenannten Künstlerviertel
wohnen; und seitdem alljährlich internationale Kunstaus=
stellungen hier stattfinden, ist München neben Paris der
Hauptsitz der modernen Kunst in Europa geworden.

Aber David hörte nur mit halbem Ohr, was ihm sein
Freund alles über München erzählte, als sie durch die Haupt=
straßen gingen und sich die Residenz, den Hofgarten, die
Museen und die bekanntesten Staatsgebäude anschauten;
viel mehr dachte er an die Berge, die er am folgenden Tage
sehen sollte; die Zugspitze war ja dreimal so hoch wie der
Snowdon; es war schwer, sich so etwas vorzustellen.

Am anderen Morgen waren sie bereits um halb acht Uhr
auf dem Bahnsteig, wo die drei jungen Deutschen sie mit
lautem Halloh empfingen. Nach wenigen Minuten führte sie
der elektrisch betriebene Zug hinaus ins Freie, den Bergen zu.
Es war recht kalt, graue Wolken bedeckten noch den Himmel.
Der Zug war voll von Ausflüglern und Bergsteigern, die zum
Teil mit Rucksack, Eispickel und Seil ausgerüstet waren. David
sprach mit dem Norddeutschen: „Kann man denn wirklich
in die Berge bei so schlechtem Wetter? Ich glaubte, es sei zu
gefährlich.“

„Das tut nichts,“ antwortete dieser, „so schlecht ist das
Wetter nicht. Haben Sie in der Nacht das Gewitter gehört?
Hier sagt man: Nach einem Gewitter gibt es zehn Tage
schönes Wetter. Es wird noch klar werden.“

Sie fuhren anderthalb Stunden durch grüne Wiesen und
welliges Gelände, an anmutigen Dörfern vorbei; dann stiegen
sie in Garmisch=Partenkirchen aus, einem bekannten Luft=
kurort in den bayrischen Bergen, in dem die olympischen
Winterspiele stattfanden. Was war das für ein Anblick!
Begeistert über die Größe der Bergriesen, blickte David stumm
empor. Jetzt schon lösten sich die Wolken auf; von Minute zu
Minute erschien ein Gipfel nach dem anderen. David, der

solch ein Naturwunder zum ersten Male sah, wollte sich nicht
losreißen.

Er mußte aber in den Kleinbahnzug einsteigen, der sie
zur Seilbahn bringen sollte, mit der sie auf die Zugspitze
fahren wollten. „Sie werden von der Bahn aus stets den
Blick auf die Berge haben," sagte ihm tröstend der junge
Deutsche. „Nun kommen Sie aber, sonst verpassen Sie noch
den Zug."

Er hatte recht; von der Plattform des hellblauen Wagens
aus, auf der sie standen, konnte man die Bergriesen in immer
wechselnder Beleuchtung sehen und immer neue Schönheiten
entdecken. Und ehe sie sich's versahen, waren sie in dem langen
Tunnel, der sie eine halbe Stunde lang durch den Berg hinauf
bis zum Schneefernerhaus führte. Von diesem Bahnhof, der
David an die Londoner Untergrundbahn erinnerte, kamen sie
ins Hotel. Sie tranken noch eine Tasse Kaffee im Speisesaal,
dann fuhren sie mit der Seilbahn die dreihundert Meter bis
zum Gipfel. Unbeschreiblich schön war nun die Fahrt auf=
wärts, über steiles Geröll und abschüssige Felsen; hier hatte
es ja in der Nacht geschneit. Höher und höher stiegen sie; das
Schneefernerhaus, die Berge rings herum, alles senkte sich;
in der Ferne erhoben sich weiße Gipfel über einem Meer von
leichtem, bräunlichem Dunst. David merkte, daß er noch nie
so tiefblauen Himmel gesehen hatte; die Luft war so dünn,
so klar.

„Ist es nicht reizvoll, hier auf der Fahrt zu beobachten,
wie der Mensch die Natur selbst in ihren trutzigsten Auße=
rungen besiegt hat?" fragte leise der junge Deutsche.

„Es ist wunderschön," antwortete David, und hoffte dabei,
daß sein neuer Freund gerade jetzt nicht weiter reden wollte.

So standen sie endlich auf dem Gipfel von Deutschlands
höchstem Berge. Der Blick war nach allen Richtungen frei:
bis zu dem Massiv der Zentralalpen im Südwesten, den

Stubaier und Zillertaler Alpen im Süden, zu den Dolomiten; weiter nach Osten leuchtete die ferne Kuppe des Großglockner. Dann verlor sich der Blick nach Norden tief, tief unten im Tal, in dem ein See mit seinem dunklen Wasser friedlich dalag. Ja, das war ein Blick, wie ihn David Hayes noch nie gesehen hatte. Er mußte bekennen, es war ein schönes Land, dieses Deutschland, so vielseitig in seiner Schönheit.

B. Johannes (Heckert), Garmisch-Partenkirchen

Dann fuhren sie mit der Seilbahn

„Nun aber hinein ins Haus, sonst bläst uns der Wind noch weg, und unser Blut erstarrt zu Eis," sagte der eine der bayrischen Studenten.

Zusammen gingen sie in den Raum der Schutzhütte, wo es schön warm war. Da wurden Pläne über den Abstieg besprochen; die beiden Bayern, alte geübte Bergsteiger, wollten den schwierigen, steilen Abstieg über Gletscher und Felsen

nehmen; der Norddeutsche wollte das aber nicht. „Es tut
mir leid," sagte er, „aber ich bin ja kein geübter Bergsteiger.
Außerdem müssen wir an unsere englischen Freunde denken."

„Ich fürchte, wir werden gar nicht daran teilnehmen
können, da wir weder passende Kleidung noch Bergschuhe
haben," sagte Mr Wilson. „Aber möchten Sie uns nicht den
Gefallen tun und wieder mit der Bahn zurückfahren?"

„Da haben wir den Engländer; er will alles genießen, aber
möglichst ohne Mühe," sagte ironisch der eine Bayer, während
der andere einfiel: „Für Sie, Mr Wilson, kommt das nicht in
Frage; denn wir denken gar nicht daran, Sie zu einem so
waghalsigen Abstieg zu bewegen. Aber wir Bayern sind es
gewohnt; wir wollen die Natur nicht im Eiltempo genießen;
wir wollen zu Fuß gehen und ihre Schönheit in uns aufneh=
men. Kennen Sie den schönen Spruch: ‚Wandern heißt
leben! Wer wandert, den hat Gott lieb! Denn er ist nahe
gekommen dem Hehrsten und Schönsten dieser Erde.‘ Darum
werden Sie verstehen, wenn wir Ihrem Vorschlag nicht folgen
können. Aber wir wollen uns morgen um zwölf Uhr auf dem
Marktplatz in Garmisch treffen. Morgen ist ja Sonntag; da
bekommen Sie etwas zu sehen, was Sie in Deutschland nicht
alle Tage sehen. Bis dahin auf Wiedersehen und glückliche
Abfahrt!"

VII. **Auf dem Marktplatz in Garmisch**

Sonntag Mittag in Garmisch. Die beiden Freunde hatten
sich auf dem Marktplatz getroffen. Der Gottesdienst war zu
Ende, und in Scharen strömten die Leute aus der Kirche auf
den Marktplatz. Das war wirklich ein buntes, reizvolles Bild:
die Männer in kurzen Lederhosen mit Wadenstrümpfen, mit
breitem Hut auf dem Kopfe, die Frauen in kleidsamen Trach=
ten, dem kurzen Rock und der bunten Schürze darüber, dem
Mieder mit den halblangen Ärmeln und langem weißen

Schultertuch). Das war ihre Sonntagstracht, die sie höher
schätzten als die teuersten, modernsten Sachen aus einem
großen Kaufhaus in München.

„Hierher ist die moderne Zivilisation noch nicht gedrungen,“
sagte Mr Wilson. „Schau nur, wie stolz diese Leute schreiten,
wie aufrecht ihre Haltung ist!“ Die Gruppen standen beiein=
ander, unterhielten sich, begrüßten Freunde; manche Burschen
begrüßten ihre Mädels, bald fiel ein Scherzwort, und schon
war die ernste Stimmung des Gottesdienstes verschwunden.

Da erschienen auch schon die drei Studenten und begrüßten
mit kräftigem Handschlag ihre englischen Freunde. Begeistert
erzählten sie von ihrem Abstieg und von dem Alpenglühen,
das am vorhergehenden Abend besonders schön war. Nun
waren auch sie hierher geeilt, um sich an diesen kräftigen
Gestalten in ihren kleidsamen Trachten zu erfreuen.

„Hier sehen Sie das richtige Volk,“ wandte sich der junge
Stettiner an David Hayes, als sie in ein Wirtshaus gingen.
„In der Woche arbeiten sie hart und haben viel Mühe, um
dem kärglichen Boden hier oben in den Bergen das abzuge=
winnen, was sie für sich und ihr Vieh brauchen. Am Sonntag
gehen sie in die Messe, denn der Bayer ist der treueste Sohn
der Kirche.“

„Das ist ja wie in Wales,“ bemerkte David, „wo sogar die
meisten Bergarbeiter Sonntags zweimal zur Kirche gehen.“

„Das mag sein; aber auf den Bayern hat die Reformation
keinen Eindruck gemacht. Achten Sie mal darauf, an jedem
Weg, auf jedem Berg finden Sie eine Kapelle, oder wenigstens
ein Kruzifix, ein ‚Marterl‘, wie man hier sagt. Man ist
geneigt, sie dort oben als überflüssig zu denken, da es doch im
Tale schon so viele gibt. Der Bayer ist andrer Ansicht, er
braucht sie, und es ist keiner, der daran vorbeigeht, ohne das
Zeichen des Kreuzes zu machen oder wenigstens den Hut
abzunehmen. Liebevoll werden diese Gottesbilder von den

Frauen und Mädchen mit Blumen geschmückt. Wer nur kann, ist am Sonntag in der Kirche bei der Messe, denn am Sonntag nicht in der Messe zu sein, kommt einer Todsünde gleich. Aber nachdem die Messe zu Ende ist, geht es hinein ins Gasthaus.

Feitz, Königssee

Marterl

Hören Sie, da fängt schon einer an, Zither zu spielen! Wenn wir Glück haben, sehen Sie auch noch Volkstänze. Einen Schuhplattler müssen Sie unbedingt mal sehen."

Immer zahlreicher strömten die Leute von dem Markt= platz in das Gasthaus herein, um ein „Maß" zu trinken. David betrachtete die großen, breitschultrigen Gestalten mit ihren roten Wangen, den blauen Augen und dem gebräunten Gesicht; so kräftige, gesunde Menschen sah er selten in der Heimat.

Herpich, München

Schuhplattler

Bald wurde die Stimmung froher, und zu dem Zitherklang hörte man schon hier und da Gesang:

„A Büchsel zum Schießen und an Stoßring zum Schlagen
Und a Diandl zum Lieben muß a frischa Bua haben."

Und ein anderer Vers, den die Burschen sehr begeistert immer wieder sangen:

„A Maß Bia und a Labla, dös is halt mei Lam,
Aber dich, Annadorla, tu i doch nit drum gan.“
(Ein Krug Bier und ein Laib Brot, das iſt ja mein Leben,
Aber dich, Anna Dorothea, werde ich nicht dafür geben.)

„Nun müſſen Sie ſich die Wirkung dieſer und ähnlicher
Lieder vorſtellen, wenn die Burſchen und Mädchen dazu
tanzen mit all der Urſprünglichkeit, die ſich dieſe Naturkinder
bewahrt haben; dann bekommen Sie erſt die richtige Vorſtel=
lung, wie die Leute am alten Volkstum feſthalten, trotz Radio,
modernem Foxtrott und Auto....Halt, da kommt die Kell=
nerin. Was wollen wir eſſen?“

VIII. Oberammergau

Nach ihrer Rückkehr nach München rief Mr Wilſon noch einmal
ſeinen Bekannten an. Dieſer freute ſich ſehr und bat die
beiden Engländer, gleich am ſelben Tage ihn in ſeinem Heim
zu beſuchen, da er am folgenden Morgen wieder für mehrere
Tage mit dem Auto wegreiſen müßte. Die beiden Freunde
verbrachten einen netten Abend bei Herrn Hertel, und mit
Klavierſpiel und Geſang verſtrich die Zeit im Fluge. Immer
wieder fiel es dem jungen Engländer auf, welch große Rolle
die Muſik im Leben der Deutſchen ſpielt und wie ſie dem
Leben eine gemütliche Stimmung gibt.

„Es iſt zu ſchade,“ ſagte Herr Hertel zu ſeinen Gäſten, „daß
wir nur dieſen einen Abend zuſammen haben, doch ich muß
unbedingt morgen abreiſen. Aber hätten Sie nicht Luſt, mit
mir zu fahren? Ich muß geſchäftlich an den Bodenſee, wo
ich in Friedrichshafen zu tun habe. Haben Sie ſchon einen
Zeppelin geſehen, Herr Hayes? Nein? Das allein müßte doch
Grund genug für Sie ſein, mitzufahren. Für Ihren Freund,
der in Köln den Zeppelin ſo manches Mal ſchon geſehen hat,
iſt dies freilich nichts; aber für Sie würde das ein Erlebnis

sein. Und ich verspreche Ihnen dann, über Oberammergau
und an den bayrischen Königsschlössern vorbeizufahren. Sie
haben das Wort, meine Herren."

„Ich hatte eigentlich die Absicht, nach Nürnberg zu fahren,
um dort meinem Freund einen Begriff vom deutschen Mittel=
alter zu geben; von da wollten wir nach Bayreuth. Aber wir
können diese beiden Orte auch später besuchen. So nehme ich
diese freundliche Einladung zugleich im Namen meines
Freundes dankend an, Herr Hertel."

Am anderen Morgen fuhr in aller Frühe Herr Hertel mit
seinem Wagen am Hotel Kontinental vor und holte die beiden
Freunde ab. Im Augenblick hatten sie München verlassen und
fuhren den Bergen entgegen. David konnte nicht genug
staunen über Münchens schöne Umgebung, die sich dem Groß=
städter offenbart, sobald er die letzten Häuser der Stadt hinter
sich hat. Im selben Augenblicke nehmen ihn Wiesen auf, er
fährt an plätschernden Gebirgsbächen und anmutigen Seen
vorüber; hinter all dem erheben sich die Berge, die immer
größer werdend schließlich ins Riesenhafte ansteigen.

Durch schmucke Dörfer führte ihr Weg. Herr Hertel machte
sie darauf aufmerksam, daß jeder Bauernhof seine Bäume
oder Baumgruppe hatte, was deutlich zeigte, daß das Land
aus dem Wald herausgewachsen war; er zeigte ihnen auch,
wie fast zu jedem größeren Bauernhof eine Kapelle gehörte.
Den beiden Freunden fiel es auch auf, mit welcher Sorgfalt
die Häuser gepflegt wurden, wie vor jedem Fenster Blumen=
bretter angebracht waren und wie die reine weiße Farbe der
Fensterrahmen abstach von dem Grün der Läden. Ihr
Führer wies darauf hin, daß das zweitwichtigste Gebäude in
jedem Dorf das Wirtshaus war; das war mit seiner blau=
weißen Fahnenstange vor der Tür nur wie ein großer, er=
weiterter Bauernhof. Da waren Blumen vor dem Tore,

Tische für die biertrinkenden Menschen, ein Futtertrog für die Pferde, und neuerdings auch eine Tankanlage für die parken=den Autos.

„Da sind wir schon in Oberammergau," rief mit einem Male Herr Hertel, als der Chauffeur mit herabgesetzter

Reichsbann

Straße in Oberammergau

Geschwindigkeit in ein größeres Dorf einfuhr. Sie stiegen vor dem Gasthaus aus und gingen sofort zum Festspielhaus, das an seiner Vorderwand ein großes Kruzifix trug.

„Wissen Sie denn Näheres über die Passionsspiele, die hier aufgeführt werden und die Besucher aus allen Teilen der Welt anziehen?" Und als die beiden Freunde verneinten, erklärte er ihnen: „Als 1633 die Pest hier furchtbar wütete, gelobte die kleine Gemeinde, wenn Gott sie erhielte, die Leidensgeschichte Jesu alljährlich aufzuführen. Da ihr Gebet erhört wurde, fand 46 Jahre hindurch das fromme Spiel alljährlich statt; der Kosten wegen wurde es später nur alle zehn Jahre aufgeführt. Im Laufe der Zeit wurde dies lobens= werte Bemühen auch anderweitig unterstützt; zu diesem abgeschiedenen Alpendorf kam auch ein Benediktinermönch; er schrieb den Text des Spiels, das die Tragödie vom Leiden und Sterben Jesu behandelt; ein Lehrer aus dem Orte komponierte dazu die Musik. Seit 1830 wurde die Bühne auf eine Wiese am Ende des Ortes gelegt. Von der Einnahme erhalten die Darsteller nur ein Drittel, während die übrigen zwei Drittel für gemeinnützige Zwecke verwandt werden. Daß die Spiele sich all die Jahre hindurch halten konnten, ohne etwas von dem ursprünglichen Zauber und Reiz zu verlieren, kommt nur daher, daß die religiöse Atmosphäre hier in Bayern so außerordentlich stark ist. Sehen Sie sich doch nur um, wie Sie überall in den Geschäften hier die künstlerischen Holzschnitzereien zu kaufen bekommen — das sind Gestalten und Szenen aus dem Leben Jesu; dazu auch die zahlreichen Fresenmalereien an den Häusern. Hier gibt es sogar eine Fachschule für Holzschnitzerei, in der die Jugend, die für Kunst begabt ist, aufs sorgsamste ausgebildet wird. Bei uns be= herrscht die Kirche das geistige Leben völlig: daß der Name ‚München‘ ‚zu den Mönchen‘ bedeutet, will ich nur nebenbei erwähnen. Vor dem Kriege gab es in Bayern nicht weniger als 88 Männerklöster mit 19 Filialen und 76 Frauenklöster mit 1036 Filialen; oder besser werden Sie diese Zahlen verstehen, wenn ich Ihnen sage, daß bei einer Bevölkerung von dreiund= einhalb Millionen Frauen es ungefähr 17000 Nonnen gab, die den gesamten Mädchenunterricht unter sich hatten.“

So ging Herr Hertel plaudernd mit seinen beiden Gästen

durch das schmucke Gebirgsdorf, das so deutlich den Stempel
der Passionsspiele trägt.

IX. Vergangenheit und Gegenwart am Bodensee

Herrlich war die Fahrt am nächsten Morgen, frisch war die
Luft, strahlend stand die Sonne am Himmel und vergoldete
die riesigen Alpen, die ihnen zur Linken lagen. Längs dieser
Berge nahm das Auto seinen Weg, durchfuhr schmucke Ge=
birgsdörfer, kletterte über Vorberge und wand sich durch enge
Pässe. Und immer wieder hing der Blick der Fahrenden an
dem gewaltigen Alpenmassiv. „Da, was ist das?" rief
plötzlich David Hayes und zeigte auf ein hochragendes Schloß,
das in der Ferne auf einem Berge lag.

„Das ist eins der prächtigen Schlösser, die sich der prunk=
liebende Bayernkönig gebaut hat. Hier in dieser Gegend gibt
es mehrere. Ihre wunderbare Lage, ihr prächtiger Bau und
der Prunk ihrer Innenausstattung ziehen Tausende von
Besuchern an. Haben Sie Lust, sich eins dieser Schlösser an=
zusehen? Wir müssen zwar einen Umweg machen, und einen
halben Tag wird es uns kosten."

„Es ist sehr freundlich von Ihnen, lieber Herr Hertel," sagte
Mr Wilson, „daß Sie uns Gelegenheit geben wollen, aber ich
weiß, wie eilig Sie es haben. Vielleicht haben wir ein ander
Mal noch Gelegenheit, eins dieser Schlösser zu besichtigen.
Die Gegend ist ja so schön hier, daß wir beide, mein Freund
und ich, den Wunsch haben, öfter zurückzukehren. Wir wollen
also nicht alles auf einmal sehen."

Jetzt fuhren sie durch welliges Gelände, dann wurde die
Gegend ebener, ein Zeichen, daß sie sich dem Bodensee näherten.
Bald hatten sie von ihm den ersten Blick bekommen und fuhren
in Lindau ein.

„Nun wollen wir zuerst mal in aller Ruhe hier Mittag essen

und nachher einen langen Blick auf den See werfen. Kommen
Sie, meine Herren," sagte Herr Hertel und ging mit ihnen
die Stufen zum Hotel hinauf. Nach dem Mittagessen führte
er seine Gäste hinunter zum See. „Das ist er also, der bekannte See — das große
Waschbecken des Rheins,
wie er so oft genannt wird,
in dem der junge Rhein
sich von all dem Schutt
und Geröll seiner Jugend
säubert," sagte Herr Hertel.
Klar und sonnig lag er
da, dunkelgrün war sein
Wasser, eine große, weite
Schale, helle Segel und
weiße Schiffe fuhren einher
und gaben dem malerischen
Bild etwas Reizvolles.
Und als die beiden
Freunde mit ihrem Gast-
geber in einem Boot auf
den See hinausfuhren, um
einen umfassenden Blick zu
haben, da sahen sie den
weiten See umsäumt von
kleinen Städten und hüb-
schen Dörfern, von frohen
Häusern und gepflegten

Arnold. Füssen
Schloß Neuschwanstein

Gärten, von Weinbergen und grünem Wald. In der Ferne
schimmerten die schneebedeckten Alpen: es war ein bezau-
berndes Bild.

„Sehen Sie, da drüben liegt Friedrichshafen, das unser
nächstes Ziel ist," sagte Herr Hertel. „Und dort liegt Konstanz,

wo die fernen Türme hervorragen. Wenn ich den Namen
dieser Stadt höre, so fange ich immer an, ans Mittelalter zu
denken — an Konzilien und Päpste, an Mönche und Ketzer,
an Minnesänger und fahrende Gelehrte, die hier den Bodensee
kreuzten und an seinen Ufern Rast hielten. In den Biblio=
theken waren die vielen Bücher mit alten Schriftzeichen, dicke
Chroniken und kostbare Pergamente. Hier war internationales
Terrain und ist es bis heute geblieben. Hier an dem südöst=
lichen Zipfel des Bodensees reicht Österreich heran, die ganze
Südseite nimmt die Schweiz ein, und in die Nordküste teilen
sich die deutschen Länder Bayern, Württemberg und Baden,
von denen jedes Land wenigstens einen Streifen dieses an=
mutigen Ufers haben wollte. Obgleich die Vergangenheit
romantisch und reizvoll ist, hat die Gegenwart aber auch ihre
Reize. Nun zurück ans Ufer und dann weiter nach Friedrichs=
hafen!"

„Glauben Sie, daß ich das Luftschiff zu sehen bekomme,
wenn wir in Friedrichshafen sind?" fragte David Herrn Hertel.

„Ich fürchte, nein; es kam gestern von einer seiner regel=
mäßigen Südamerikafahrten zurück und liegt in der Halle, wo
es stets nach jeder Fahrt überholt wird. Aber wenn Sie noch
ein paar Tage hier bleiben, sehen Sie das Luftschiff bestimmt
aufsteigen. Ich kann mir vorstellen, daß es für Sie ein
Erlebnis ist, den Zeppelin zu sehen. Sehen Sie, für uns
Deutsche war der Zeppelin vor Jahren eine Art Symbol.
Nach einer Zeit der Schmach und Schande ging ein Licht=
strahl durch jedes deutsche Herz, als sich die Kunde verbreitete,
daß hier am Bodensee ein Riese sich erheben würde, der seine
Zeit verschlafen hatte, aber nun ausziehen würde in die weite
Welt, um von ungebrochener deutscher Kraft und nie er=
schlaffendem deutschen Geist zu künden. Und eines Tages
stieg er wirklich auf, fuhr über alle deutschen Gaue, gleich als
wollte er ihnen sagen: „Habt wieder Mut!", und dann flog

er über den Rhein, über Frankreich, Spanien, über den weiten
Ozean nach Amerika, um den Ländern jenseits des Ozeans zu
zeigen, daß Deutschland das Tor zu einer neuen Zeit aufgetan
hatte. Die ganze Welt hatte sich im Kriege gegen Deutschland
verbündet, um es zu zerschmettern; aber jetzt erhob es sich
wieder. Können Sie sich vorstellen, daß uns der Zeppelin
eine Art nationales Symbol war und noch ist?"

Die beiden Freunde merkten die Leidenschaft, mit der ihr
Begleiter gesprochen hatte.

Inzwischen waren sie in Friedrichshafen eingefahren, der
Stadt am Bodensee, die ganz den Stempel Zeppelins trägt.
Herr Hertel begleitete seine Freunde hinunter an den See,
an dessen Ufer zwei große Hallen standen für die Luftriesen
und wo geschäftiges Leben herrschte.

„Wenn das der alte Graf noch erlebt hätte, daß sein Werk
überall in der Welt solche Anerkennung gefunden hat! Wie
hat man ihn verspottet und verlacht in all den Jahren, da er
seine Versuche machte! ‚Der verrückte Graf‘ hieß er nicht nur
in seiner Heimat, sondern auch in Berlin in den Ministerien;
keiner wollte etwas von ihm wissen, jeder war froh, wenn er
ihn los wurde. Aber er verfolgte sein Ziel trotz aller schweren
Schicksalsschläge und erlebte im Kriege den Erfolg seiner
Bemühungen. Sie müssen mal Näheres über das Leben und
Kämpfen dieses Mannes lesen, dann werden Sie mir zugeben,
daß man diesen Mann wirklich achten muß."

„Ja, aber glauben Sie wirklich, daß das Luftschiff eine
Zukunft hat?" fragte Mr Wilson. „Sehen Sie, nach dem
furchtbaren Unglück, das unser Luftschiff R 101 traf, haben
wir den weiteren Bau von Luftschiffen eingestellt, und
Amerika ist zu demselben Entschluß gekommen. Aber wir
haben schon technisches Verständnis genug, um solche Luft=
schiffe zu bauen, nicht wahr?"

„Sicher, wohl aber zu wenig Erfahrung darin und in der

Handhabung von Luftschiffen," war Herrn Hertels schlagfertige Antwort.

„Zugegeben. Glauben Sie aber, daß das Luftschiff mit dem Flugzeug konkurrieren kann?"

„Das Luftschiff wird stets andere Aufgaben zu erfüllen haben als das Flugzeug. Es wird nie mit dem Flugzeug an Schnelligkeit wetteifern können, wohl aber an Zuverlässigkeit

Reichsbahn

In der Halle: der LZ. 129 im Bau

und Sicherheit. Oder können Sie mir ein anderes Verkehrs= mittel nennen, das noch keinen einzigen Todesfall in seinem regelmäßigen Passagierdienst hatte, das die Welt umflogen und sich in die Nähe des Nordpols gewagt hat? Mehr als hundert Male ist nun der Zeppelin über den Ozean geflogen, kümmerte sich nicht um Stürme und Unwetter, war vielmehr pünktlich wie eine Uhr. Er hat die beiden Weltteile in einer Weise verbunden, die man vor zehn Jahren noch für un=

möglich gehalten hätte. Ist das nicht ein Werk, worauf wir stolz sein können?"

„Ich wollte nicht im mindesten die Großtaten Ihres Zeppelins verkleinern," sagte Mr Wilson. „Sondern ich bin Ihrer Meinung, daß die Deutschen stolz darauf sein können, der Welt das lenkbare Luftschiff geschenkt zu haben."

„Zu gerne möchte ich einmal darin fahren," warf David

Central Press Photos.

England grüßt den „Graf Zeppelin"

ein, „wenn auch nur, um festzustellen, ob man so fährt wie in einem Flugzeug."

„Ich glaube, schöner, in jeder Hinsicht angenehmer," antwortete Herr Hertel. „Aber vielleicht geht Ihr Wunsch noch in Erfüllung, denn der Zeppelin schiebt zwischen die Amerikafahrten eine Deutschlandfahrt ein; das wäre dann für Sie eine Gelegenheit."

Während dieser Unterhaltung hatten sie das Werftgelände

verlassen und gingen durch das Städtchen. Die gepflegten
Häuser mit den blumengeschmückten Balkonen und den
hübschen Erkern machten einen guten Eindruck.

„Achte nur auf die Inschriften, die über dem Eingang
mancher Häuser stehen," sagte Mr Wilson. Und sein Freund,
darauf aufmerksam gemacht, las im Vorbeigehen:

Kein Haus ist zu niedrig, keine Kammer zu klein,
Es fliegen die Engel zum Fenster hinein.

Kehr ein, geh aus — Bleib' Freund im Haus.

Des Hauses Ehr' — Gastfreundlichkeit,
Des Hauses Zier — Reinlichkeit,
Des Hauses Glück — Zufriedenheit,
Des Hauses Segen — Frömmigkeit.

Des Morgens denk an deinen Gott,
Des Mittags iß vergnügt dein Brot,
Des Abends denke an den Tod,
Des Nachts verschlafe alle Not.

Wir leben so dahin und haben es nicht acht,
Daß jeder Augenblick das Leben kürzer macht.

„Da hast Du den typischen Deutschen," sagte Mr Wilson.
„Wir halten ihn für sehr sachlich, aber er umhüllt den Alltag
gerne mit einem Hauch von Poesie und Mystik."

X. Ein Brief von David Hayes

Heidelberg,
den 19ten Juni.

Liebe Eltern!

Ich habe Euch versprochen, regelmäßig zu schreiben und vor
allem von meiner Reise zu erzählen. Wenn ich das nicht immer
getan habe, so seid mir darum nicht böse; ich erzähle Euch

dafür umſo mehr. Heute will ich Euch von einer wunderbaren
Paddelfahrt den Rhein abwärts berichten und von einer
Wanderung durch den Schwarzwald, die ich mit einem jungen
deutſchen Studenten gemacht habe, auf deſſen „Bude" in
Heidelberg ich jetzt ſitze.

Ich habe mich in Friedrichshafen von dem guten Wilſon
getrennt, denn dieſer Student, ein Neffe des Herrn Hertel
aus München, wollte gerade mit dem Paddelboot von Baſel
rheinabwärts fahren und ſeine Univerſitätsſtadt auf dieſem
Wege erreichen. Er lud mich ein, ihn zu begleiten. Und ich
hatte es nicht zu bedauern. Was ich auf dieſer Fahrt geſehen
habe, hätte ich auf einer Reiſe mit Mr Wilſon nie zu ſehen
bekommen.

Nachdem wir unterhalb Baſel das Boot ins Waſſer gelaſſen
hatten, fuhren wir rheinabwärts, ſteuerbord den Schwarz=
wald, backbord die Vogeſen im Elſaß. So fuhren wir, oder
vielmehr wir trieben dahin, von dem Strom vorwärts gejagt,
bald unter Wolken, bald unter blauem Himmel; wild rauſchte
der einſame Strom. Stundenlang war an beiden Ufern keine
Stadt, kein Dorf, kein Haus, kaum ein Menſch zu ſehen.
Mittags ſuchten wir uns ein ſchattiges Plätzchen am Ufer und
kochten unſer Eſſen.

Den erſten Abend verbrachten wir bei „Mutter Grün", wie
die Deutſchen ſagen, d.h. Herr Rösler ſchlug ſein Zelt auf, das
er im Boot mitführte, legte Decken hinein und bereitete für
uns das Nachtlager. Ehe wir uns aber niederlegten, holte
er ſeine Gitarre und ſang ſchöne Volkslieder, von denen die
Deutſchen ſehr viele zu haben ſcheinen. Dann legten wir
uns zum Schlafe nieder; in meinen Ohren ſummte noch immer
das ſtimmungsvolle Lied, das mein Begleiter zuletzt geſungen
hatte.

Am nächſten Morgen ging es nach einem erfriſchenden Bad
im Rhein weiter ‚auf Fahrt'.

Als wir am Nachmittag auf der Höhe von Freiburg waren, legten wir an und zogen unser Boot an Land. „Jetzt wird der Rucksack aufgeschnallt, und zur Abwechslung wandern wir. Ich will Ihnen den schönsten Teil des Schwarzwaldes zeigen, den Ihre Landsleute so lieben," sagte Herr Rösler. Und

Reichsbahn

Schwarzwald: der Titisee

hinein wanderten wir nach Freiburg, dessen schönster Schmuck das Münster ist. Freiburg ist eine alte Universitätsstadt, die jetzt von den Studenten sehr besucht wird.

Von Freiburg fuhren wir mit einer Bergbahn ins Höllental, auf einer der schönsten Bahnstrecken, die es in Deutschland gibt, wie man mir sagte. Wie der Name Euch schon andeutet, ging es über Schluchten und reißende Gießbäche, über steile Abhänge und weite Brücken und durch viele Tunnel; dann keuchte der Zug wieder Berge hinauf.

Wie soll ich Euch den Schwarzwald schildern? Er hat nicht die Größe der Alpen, seine Berge haben nicht das Riesenhafte, sondern alles ist lieblich und sanft: die zahlreichen engen Täler, die Berge, die nur selten über 1000 Meter gehen, die Kessel, in deren Mitte die Dörfer liegen, und vor allem die wundervollen dunklen Tannenwälder: daher ja auch der Name „Schwarzwald". Stundenlang bin ich mit Herrn Rösler durch diese einzig schönen Wälder gewandert. Wir haben auch im Titisee gebadet — das war fein!

Die Menschen hier sind ruhiger, stiller als die Bayern. Sie leben in ihren kleinen Gebirgsdörfern hauptsächlich von der Herstellung von Uhren, Musikinstrumenten und Holzschnitzerei. An ihren Trachten hängen sie mit der selben Zähigkeit wie die Oberbayern.

Nun habe ich Euch aber genug geschrieben. Ob Euch diese Zeilen wohl bewegen werden, selbst einmal in den Schwarzwald zu fahren? Ich glaube fest, daß Ihr ebenso begeistert sein werdet wie ich. Morgen trifft Mr Wilson in Heidelberg ein. Ich möchte furchtbar gern nach den drei Jahren in Oxford zwei Semester hier in Heidelberg studieren. Was sagt Ihr dazu? Würdet Ihr das wohl erlauben? Das wäre fein!

Herzliche Grüße an Euch alle

von Eurem

David.

XI. „Alt=Heidelberg, du feine..."

Mr Wilson und David Hayes gingen auf dem Waldweg zum Heidelberger Schloß hinauf. Recht warm war der Junimorgen. „Ach, setzen wir uns einen Augenblick auf diese

Bank!" sagte Mr Wilson. Da hörten sie eine Gruppe
Studenten in der Nähe das schöne alte Lied singen:

> Alt=Heidelberg, du feine,
> Du Stadt an Ehren reich,
> Am Neckar und am Rheine
> Kein' andre kommt dir gleich....

„Wie oft habe ich dieses Lied gehört!" sagte Mr Wilson.
„Es ist heute noch wie damals, als ich hier selber Student war:
die Jungen pfeifen es auf den Straßen, die Studenten singen
es, die Kapelle spielt es in den Gärten und Lokalen bei jeder
Gelegenheit."

„Ich glaube, es ist eins der Lieder, die Herr Rösler mir
vorgesungen hat, am ersten Abend unserer Paddelfahrt. Es gibt
mehrere Lieder und Gedichte über Heidelberg, nicht wahr?"

„Mehrere? Unzählige gibt es; daraus ersiehst du ja, wie
diese Stadt geliebt wird. Schau doch nur, wie prachtvoll sie
liegt! Da hinten erheben sich die Wälder des Odenwaldes,
den wir auf unserem Flug über Süddeutschland gesehen haben;
oben in dem Wald liegt auf halber Höhe das herrliche Schloß,
und hier unten zieht der Neckar entlang."

So gingen sie weiter den Berg hinauf. „Mr Wilson," sagte
David, „ich war vorgestern mit Herrn Rösler in der Neuen
Universität — mir gefällt ausgezeichnet dieser moderne Baustil.
Aber sagen Sie, bitte, diese Universität ist auch eine alte wie
Oxford, nicht wahr?"

„Ja, das stimmt. Sie wurde schon gegen Ende des vier=
zehnten Jahrhunderts gegründet, und ist somit die älteste
Deutschlands — es gibt deren nicht weniger als 24. Heidelberg
hat seit vielen Jahren besonders Engländer und Amerikaner
angezogen; sie fanden hier die bedeutendsten Vertreter
deutscher Wissenschaft, und zugleich genossen sie das deutsche
Studentenleben."

Reichsbahn

Heidelberg: der Schloßhof

„Gerade darüber habe ich mit Herrn Rösler viel geſprochen, denn das intereſſiert mich beſonders, wo ich doch in ein paar Monaten ſelber Student ſein werde."

Am Abend aßen die beiden Freunde in einem größeren Kreiſe von Heidelberger Studenten. Man trank Bier, rauchte Zigarren und ſang viele Studentenlieder. „Für welche Gelegenheit haben die Studenten wohl keine Lieder?" dachte David bei ſich, als ſoeben das Lied „Freut Euch des Lebens" verklungen war.

„Ich hatte mir den Abend eigentlich anders vorgeſtellt," bemerkte David zu dem neben ihm ſitzenden Rösler leicht enttäuſcht.

„Inwiefern denn?" fragte dieſer erſtaunt.

„Ich glaubte, ich würde die Studenten in ihrem ‚Wichs' ſehen, d. h. in ihren bunten oder ſchwarzen Sammetjacken mit breiten Schnüren und den flachen Käppchen auf ihrem Kopfe, über die Bruſt ein farbiges Band tragend."

„Ach, nun verſtehe ich, was Sie meinen. Sie denken an einen regelrechten Kneipabend in einer Verbindung, den wir Kommers nennen. Dazu ſind Sie zu ſpät nach Deutſchland gekommen," lachte er. „Seit 1935 hat die national= ſozialiſtiſche Regierung alle Verbindungen, Korps, Burſchen= ſchaften und Landsmannſchaften verboten." Auf Davids äußerſt erſtauntes Geſicht fuhr er lebhaft fort: „Sehen Sie, die Verbindungen haben ihre Zeit überlebt. Freilich galt das alte Ideal noch, daß ein Student, der aus der Ferne kam und ohne Freunde war, ſofort Anſchluß an Gleichgeſinnte fand, mit denen ihn die Liebe zur Natur und zur Heimat verband, mit denen er dann durch Bande der Kameradſchaft und Freundſchaft eng verbunden war. Aber dieſem ſchönen Ideal ſtand eine dunkle Kehrſeite gegenüber: Die Verbindungen

mit ihrer strengen Abgeschlossenheit und zuweilen ihrem
Dünkel bildeten einen Fremdkörper in der großen Gemein=
schaft aller Studenten. Verbindungsstudent sein, hieß, über
Geld zu verfügen. Der arme ‚Schlucker‘ konnte es sich nicht

Reichsbahn

Heidelberg: vor der neuen Universität

leisten, Mitglied einer Burschenschaft oder gar eines Korps
zu sein. Dieses Bewußtsein war für einen Staat, der die
sozialistische Idee auf sein Banner eingegraben hat, etwas
Unerträgliches. Um den Gedanken der Volksgemeinschaft
auch hier restlos durchzuführen, hat die Regierung alle
Verbindungen aufgelöst.“

„Ist das aber nicht sehr schade?" unterbrach voller Anteil=
nahme David. Ohne auf die Frage zu achten, fuhr der
junge Deutsche fort:

„Nun sind wir eine einzige große Gemeinschaft von
Studenten, in der alle einem großen Ziele nachstreben:
mens sana in corpore sano. Was glauben Sie wohl, wieviele
von denen, die heute abend hier versammelt sind in der
frohen Runde, morgen in aller Frühe auf der Aschenbahn aufs
ernsteste trainieren? Das ist das moderne Ideal des deutschen
Studenten, das an die Stelle der alte Trinksitten vergangener
Zeiten getreten ist. Und Sie als Engländer, in dessen Lande
diesem Ideal ja schon immer gehuldigt wurde, Sie werden
diesen Ersatz sicher nicht als unglücklich finden, wie?"

„Was Sie mir da eben gesagt haben, ist hochinteressant.
Ich hatte von dieser Entwicklung keine Ahnung. — Wie lange
bleiben Sie noch in Heidelberg, Herr Rösler?"

„Vielleicht ein oder höchstens zwei Semester."

„Ist Ihr Studium dann schon beendet?"

„Um Himmels willen, nein! Dann gehe ich auf eine andere
Universität. In einer solchen Stadt wie Heidelberg oder
Freiburg bleibt man kaum länger als ein, höchstens zwei
Semester; denn hier kommt man zu wenig zum Arbeiten; man
ist vielmehr dauernd draußen auf dem Neckar oder dem Rhein
oder mit dem Rucksack in den Bergen. Na, Sie haben ja auf
unserer gemeinsamen Fahrt einen Einblick bekommen. In
dem Heidelberg von heute ist der Student weniger in den
Kneipen als vielmehr draußen auf dem Wasser und in den
Bergen. Wenn Sie mal ein solches Bild von Studenten und
Studentinnen sehen, wie sie gemeinsam im Freien zu einer
Laute Lieder singen, dann werden Sie sagen, die jungen Leute
leben alle nach dem Motto: „Wir sind die Könige der Welt,
wir sind's durch unsere Freude." Sind nun die ersten zwei
Semester vorbei, dann gehe ich nach Berlin oder Leipzig, um

die erften Profefforen meiner Fächer zu hören und um tüchtig
zu arbeiten."

„Ich verftehe alfo, Herr Rösler, daß Sie doch völlig frei
find zu tun und zu laffen, was Sie wollen."

„Zweifellos hat die national=fozialiftifche Regierung Maß=
nahmen getroffen, um den Gemeinfchaftsgeift zu fördern. Aber
fonft bin ich frei und kann ftudieren, was und wo und wie ich will.
Daß ich mir die nötigen Kenntniffe aneigne, um mein Examen
zu beftehen, ift ausfchließlich meine eigne Sache. Bei diefem
Examen durchzufallen, ift ja die größte Niederlage, die ein
Student erleiden kann, um nicht zu fagen, Schande; außerdem
verhindert ein folcher Mißerfolg weiteres Fortkommen. Alfo
fieht fchon ein jeder zu, daß er feine Prüfungen befteht, und
wer fie nicht befteht, hat fich als unfähig erwiefen, einen
höheren Poften zu bekleiden."

Da fing wieder ein Lied an und machte der weiteren Unter=
haltung ein Ende. David hatte genug erfahren, um fich ein
Urteil vom deutfchen Studentenleben bilden zu können und es
mit den Verhältniffen in der Heimat zu vergleichen.

XII. Von Süd nach Nord

Was David Hayes noch vor acht Tagen für unmöglich hielt,
war gefchehen: er faß im Zeppelin und flog über deutfche
Lande. Und das war fo gekommen: als Mr Wilfon am
Bodenfee weilte, hatte er zwei Karten für die Deutfchland=
fahrt des Zeppelins beforgt und feinen Freund in Heidelberg
damit überrafcht. Am Tage vor Beginn der Fahrt waren fie
nach Friedrichshafen zurückgefahren; dann waren fie mit dem
Luftfchiff aufgeftiegen. Um feine Eindrücke feftzuhalten, hatte
David noch während der Fahrt folgende Eintragung in fein
großes Tagebuch gemacht:

„Achtung! Luftschiff voran!" Das war das Kommando für den Start. Darauf klirrt und klingelt, surrt und brummt es, und auf Schienen gleitet der Zeppelin aus der Halle heraus. Er hebt sich leise. Wir fühlen nichts; wir merken nur, daß alle Dinge um uns herum sinken, daß sie kleiner werden. Die

Central Press Photos.

Im Zeppelin

Fahrt ist sehr ruhig; man fühlt keinen Stoß, kein Schwanken, wie zuweilen im Flugzeug; im Gegenteil, man hat das Gefühl völliger Sicherheit. Da man die Vorgänge in der Führergondel nicht beobachten kann, hat man den Eindruck, als lebte man in einem Traum....'

"You are English, are you not?" sagte plötzlich einer der Offiziere.

David sah auf von seinem Buch. "Yes, I am." Dann fuhr er fort: „Sie erkennen den Engländer immer an den grauen Flanellhosen, glaub' ich?"

„Sie haben ganz recht. Nun, wie gefällt es Ihnen?"

„Wundervoll; ausgezeichnet, danke!"

„Also kommen Sie mal in die Führergondel, da haben Sie einen noch besseren Ausblick als von hier." Da nahm er den jungen Engländer einfach mit und erklärte ihm die komplizierten Instrumente. Dann machte er ihn auf die Land= schaft aufmerksam.

„Der Fluß da unten, den wir gerade überfliegen, ist der Main. Neben der Donau ist er der einzige größere Fluß, der nicht nach Norden fließt."

„Wieso? Fließen denn alle Ihre Flüsse nur nach Norden?"

„Ja, in der Tat. Das liegt an Deutschlands Bodenge= staltung. Von der Zugspitze ab wird die Landschaft, je weiter nordwärts Sie kommen, immer flacher, bis sie die flachsten Stellen in Norddeutschland erreicht. Diese Richtung ver= folgen die Ströme; sie sind alle gleichgerichtet, sie verknüpfen den Süden mit dem Norden. Sehen Sie, das können Sie vom Luftschiff aus wundervoll beobachten. Wenn Sie mit uns über den Ozean fahren würden, würde ich Ihnen zeigen, wie Frankreichs Flüsse vom Zentralmassiv nach allen Rich= tungen ausstrahlen, nach dem Kanal, dem Ozean und dem Mittelmeer; sie sind daher nur mittelgroß, wie etwa unser Main. So steht zum Beispiel die Loire an Länge weit zurück hinter der Oder, der Elbe oder dem Rhein."

„Ich habe mir die Karte von Deutschland oft angesehen, aber das habe ich bisher weder gelernt noch selbst heraus= gefunden. Auf einer Fahrt im Luftschiff kommt man aber leicht zu solchen Beobachtungen. Doch schauen Sie mal: sind das Kähne da auf dem Main, oder täusche ich mich?"

„Keineswegs. Auch der Main ist fahrbar; alle unsere

großen Flüsse sind fahrbar für Schiffe bis zu 3000 tons, das
sind schon ziemlich große Kähne."

„Da braucht man nicht alles mit der Eisenbahn zu befördern?"

„Sie haben vollkommen recht, unser Flußnetz zusammen
mit den Kanälen bedeutet eine große Entlastung für die Eisen=
bahnen. Doch, schauen Sie mal dorthin! Sehen Sie den

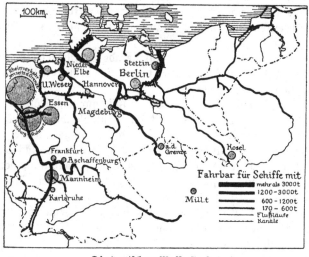

Die deutschen Wasserstraßen

hellen Streifen, der sich im Walde hinzieht? Das ist eine der
Strecken der Reichsautobahnen. Schauen Sie die Karte hier:
zwei große Straßen durchziehen Deutschland von Süd nach
Nord und zwei von Ost nach West. Die eine nordsüdliche geht
ungefähr parallel mit der jetzigen Fahrtrichtung unseres
Luftschiffes durch die Rheinebene von Basel über Frankfurt,
Kassel, Hannover nach den drei Hansestädten Bremen, Ham=
burg und Lübeck, während die andere von dem äußersten

Zipfel Deutschlands über München, Nürnberg und Leipzig nach Berlin und Stettin führt. In der Ostwestrichtung läuft die eine Straße von Königsberg über Danzig nach Berlin und von da über Magdeburg und Hannover nach dem Ruhrgebiet und Köln an die Landesgrenze bis nach Aachen, während der andere von Oberschlesien über Breslau, Dresden, Leipzig,

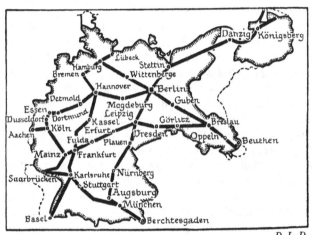

D. L. D.

Die Reichsautobahnen

Frankfurt am Main in das Industriegebiet des Saarlandes führt. Wenn die Reichsautobahnen fertig sind, wird Deutschland ein außerordentlich gutes Verkehrsnetz haben.... Merken Sie, wenn Sie hinausschauen, wie die Landschaft immer flacher wird? Wir sind aus den Gebirgen heraus und sind in die große norddeutsche Tiefebene eingetreten. Wie weit fahren Sie denn eigentlich mit uns?"

„Wir wollen bis Bremen fahren und von da mit dem Schiff zurück nach England."

„Haben Sie denn schon alles in Deutschland gesehen?"
fragte der Offizier.

„Nein, ich kenne eigentlich nur den Westen und den Süden."

„Dann müssen Sie aber unbedingt wiederkommen, auch
Norddeutschland ist interessant. Wenn es auch an Schönheit
der Natur mit Süddeutschland nicht wetteifern kann, so gibt
es doch für Sie als Ausländer sehr viel, ich erwähne nur
Berlin, das liebliche Dresden, die Goethe= und Schiller=
Stadt Weimar, das große Industriegebiet hier an der Ruhr —
sehen Sie den Dunst und Rauch da drüben links von uns? Das
ist es schon. Also besuchen Sie Deutschland noch einmal und
sammeln Sie selbst die Eindrücke, die Sie zu einer richtigen
Beurteilung unseres Heimatlandes führen. Vielleicht kom=
men Sie dann dazu, die Richtigkeit eines Ausspruchs anzuer=
kennen, den ich einmal las und der mir sehr gut gefiel, weil er
zutrifft. Er lautet: Wir müssen wissen: unser Land ist nicht
das größte, nicht das fruchtbarste, nicht das sonnig heiterste
Europas. Aber es ist groß genug für ein Volk, das entschlossen
ist, nichts davon zu verlieren; es ist reich genug, ausdauernde
Arbeit zu lohnen; es ist schön genug, Liebe und trauteste
Anhänglichkeit zu verdienen; es ist mit einem Wort ein Land,
worin ein tüchtiges Volk große und glückliche Geschicke vollen=
den kann; vorausgesetzt daß es sich und sein Land zusammen=
hält. — Wie finden Sie diesen Spruch?"

„Er drückt die Liebe eines Deutschen für sein Vaterland
aus; ich habe schon mehr als einmal erfahren, wie sehr die
Deutschen ihr Vaterland lieben. Ich habe den Eindruck, daß
nichts darin übertrieben ist; aber mitfühlen kann ich es noch
nicht; ich bin ja erst seit ein paar Monaten in Deutschland. Ich
würde es ja auch nicht von einem Deutschen erwarten, daß
er sich für 'God Save the King' begeistern sollte."

„Das gebe ich Ihnen zu. Nun, wenn Sie noch in Bremen
sind, dann bekommen Sie Eindrücke, die auf Sie als einen

Angehörigen des größten Seevolkes ihre Wirkung nicht ver=
fehlen können. Ich bedaure nur, daß Sie nicht nach Hamburg
fahren."

„Warum denn? Ist Hamburg so viel interessanter?"

„Auch das, aber vor allem großartiger. Hamburg ist der
viertgrößte Hafen der Welt hinter London, Neu=York und
Hongkong, während Bremen erst an 26. Stelle kommt. Zwei
Drittel aller deutschen Schiffe haben Hamburg als Heimat=
hafen, nur etwa ein Viertel Bremen. Bis kurz vor dem Beginn
der Weltkrise im Jahre 1929 hatte Hamburg seinen alten
Vorkriegsverkehr wieder eingeholt, während Bremen nicht
ganz so weit war. Hätte ich dies im Jahre 1919 geahnt, wäre
ich wahrscheinlich Schiffsoffizier geblieben."

„Sie waren früher Seeoffizier? Warum sind Sie dann
nicht dabei geblieben?"

„Weil unsere Handelsflotte, vor dem Kriege die zweit=
größte nach der Ihren, durch die Auslieferung ihres größten
Teils an die ehemaligen Feinde die kleinste Europas wurde.
Ja, das waren Zeiten, in denen man hätte verzweifeln können.
Aber wir haben nicht verzweifelt; wir sind ans Werk gegangen
und haben gebaut. Ich verlor damals freilich meinen Posten
und ging zur Luftschiffahrt, und heute fühle ich mich in der
Luft genau so wohl wie einst auf dem Wasser; hier wie dort
bin ich in Gottes freier Natur und fernab von den Menschen."

„Und wie steht Deutschland heute mit seiner Handels=
flotte?"

„Es hat den zweiten Platz noch nicht erreicht und wird ihn
auch wahrscheinlich nicht wieder erreichen, da die Vereinigten
Staaten eine große Handelsflotte gebaut haben; aber an
Tonnengehalt haben wir nahezu die alte Stärke wieder er=
reicht. Dazu kommt, daß unsere Flotte viel moderner ge=
worden ist; die alten Segler sind verschwunden, moderne
Motorschiffe sind an ihre Stelle getreten.... Doch nun muß

ich auf meinen Platz; bald haben wir die erste Zwischenlan=
dung. Also auf Wiedersehen in Deutschland!"

„Auf Wiedersehen, und haben Sie recht herzlichen Dank!"
rief David.

An Bord der „Europa", in Bremerhafen. Das Schiff,
Deutschlands größtes, schönstes und modernstes, das das „Blaue
Band" gewonnen hatte, ist zum Auslaufen bereit. Dreimal

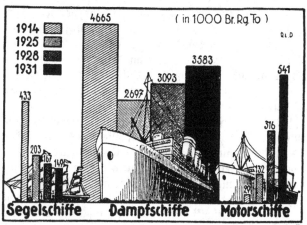

Die Deutsche Handelsflotte

haben schon die Sirenen geheult, nun werden die Taue
gelöst. An Deck wie am Kai stehen die Menschen und winken
sich mit Hüten und Taschentüchern die letzten Grüße zu. Da
ertönt die Musik einer Kapelle; David kennt schon das Lied,
denn Herr Rösler sang es gern zu seiner Gitarre:

> Muß i denn, muß i denn zum Städtele 'naus,
> Städtele 'naus,
> Und du, mein Schatz, bleibst hier?

Wenn i komm, wenn i komm, wenn i wiedrum komm,
Wiedrum komm,
Kehr i ein, mein Schatz, bei dir.

„Ja, wiederkommen tu' ich schon, das weiß ich genau,"
dachte David bei sich, wie die beiden an der Reeling standen
und auf die grüßende Menschenschar herabsahen. „Drum
sage ich auch nicht: Deutschland ade, sondern Auf Wieder=
sehen!"

EXERCISES

(to be written in German)

1. Describe the people of the Rheingau and their life.

2. What information does this book give you about the character and habits of the Bavarians? Compare them with the people in your own district.

3. What has Graf Zeppelin the man done for Germany and for the world?

4. Tell the story of the Passion Play at Oberammergau.

5. Write an imaginary conversation between yourself and a German, in which the German explains his point of view on (*a*) arterial roads, (*b*) beer, (*c*) folk-songs, (*d*) hiking.

6. Describe the general aspect of Germany—its highlands and lowlands, rivers and roads—as seen from the air.

Wörterverzeichnis

Weak verbs are shown by (w.), (ſich, w.), (ſein, w.).
Separable verbs are shown thus: ab'fahren.
The principal parts of regular strong verbs are indicated by the vowel-changes only: graben (ä, u, a) indicates graben, gräbt, grub, hat gegraben; conjugation with ſein is shown thus ſpringen (i, a, iſt u).
The declension of nouns is indicated by giving the gender and the plural change only, except in the weak and mixed declensions, when the genitive ending is also given; hence we have Mann m. (-̈er) but Gatte m. (-n/n).
The vocabulary covers only those meanings of words applicable to the text.

ab'fahren (ä, u, iſt a) to go away
Abfahrt f. (-en) descent
abgeſchieden out-of-the-way
Abgeſchloſſenheit f. exclusiveness
Abhang m. (-̈e) slope
ab'laufen (äu, ie, iſt au) to pass off
ab'ſchaffen (w.) to get rid of
abſchüſſig precipitous
Abſicht f. (-en) intention
ab'ſtechen (i, a, o) to contrast
Abſtecher m. (—) detour
Abtei f. (-en) abbey
Abteil n. (-e) compartment
abwärts down
ab'wechſeln (w.) to alternate
Abwechſlung f. (-en) change, variety
abwechſlungsreich varied
acht haben (hatte, gehabt) to take note
achten (w.) to respect, to notice; achtete ſtreng darauf saw to it
Achtung! Look out!
Aderbau m. agriculture
Aderfeld n. (-er) tilled field
ade farewell
adlig noble

ahnen (w.) to suspect
ähnlich similar
Ahnung f. (-en) suspicion, notion
alle 10 Jahre every 10 years
allerlei all kinds of
allerprimitivſt dreadfully primitive
alljährlich annual
Alltag m. the daily round
Alpenglühen n. afterglow
Anblick m. (-e) view
an'bringen (bringt an, brachte an, angebracht) to fix
Andacht f.; voller A. reverently
ander other, different; am anderen Morgen on the following morning
ändern (w.) to change
anders differently
anderthalb one and a half
anderweitig by people from outside
an'deuten (w.) to indicate
andrerſeits on the other hand
an'eignen (w.) to acquire
an'erkennen (erkennt an, erkannte an, anerkannt) to recognize

Anfang *m.* (⸚e) beginning
an'gehören (*w.*) to belong
Angehörige *m.* or *f.* (–n) member
angenehm pleasant
an'kommen (kommt an, kam an, ist angekommen) to arrive
an'legen (*w.*) to stop
anmutig charming
an'nehmen (nimmt an, nahm an, angenommen) to accept
an'rufen (u, ie, u) to ring up
an'schauen (*w.*) to look at
an'schließen (sich ie, o, o) to join
Anschluß *m.* (⸚e) contact
an'sehen (ie, a, e) to look at
Ansicht *f.* (–en) opinion; ist andrer A. thinks differently
an'steigen (ei, ie, ist ie) to rise
Anteilnahme *f.* warm sympathy
an'treffen (trifft an, traf an, angetroffen) to meet
Antrieb *m.* (–e) impulse
Anwesenheit *f.* presence
an'ziehen (zieht an, zog an, angezogen) to attract
Anzug *m.* (⸚e) suit of clothes
Ärmel *m.* (—) sleeve
Art *f.* (–en) kind
Arzt *m.* (⸚e) doctor
Aschenbahn *f.* (–en) cinder-track
Auffahrt *f.* (–en) ascent
auf'fallen (fällt auf, fiel auf, ist aufgefallen) to strike
auf'führen *w.* to perform
Aufgabe *f.* (–n) task
auf'gehen (geht auf, ging auf, ist aufgegangen) to rise
auf'lösen *w.* to dissolve
aufmerksam machen (*w.*) to draw attention
auf'nehmen (nimmt auf, nahm auf, aufgenommen) to absorb
aufrecht upright

auf'schlagen (ä, u, a) to pitch (tent)
auf'schnallen (*w.*) to strap on
auf'steigen (ei, ie, ist ie) to rise
auf'tun (tut auf, tat auf, aufgetan) to open
Augenblick *m.* (–e) moment
aus'bilden (*w.*) to educate
Ausblick *m.* (–e) view
ausdauernd patient
Ausflug *m.* (⸚e) excursion
Ausflügler *m.* (—) excursionist
ausgedehnt extensive
ausgelassen wild
ausgezeichnet very well indeed
Ausländer *m.* (—) foreigner
aus'laufen (äu, ie, ist au) to put out to sea
Auslieferung *f.* surrender
aus'malen (sich etwas, *w.*) to picture
aus'rüsten (*w.*) to equip
ausschließlich exclusively
aus'sehen (ie, a, e) to seem
außerdem besides
außerordentlich extraordinary
äußerst farthest
Äußerung *f.* (–en) expression
Ausspruch *m.* (⸚e) saying
aussteigen (ei, ie, ist ie) to get out
aus'ziehen (zieht aus, zog aus, ist ausgezogen) to go out
Autobus *m.* (–sse) motor-bus

backbords to port
Bad *n.* (⸚er) spa
Bahnsteig *m.* (–e) platform
Bahnstrecke *f.* (–n) stretch of line
bald...bald now...now
Balkon *m.* (–e) balcony
Band *n.* (⸚er) ribbon
Band *n.* (–e) bond
bat *see* bitten
Bau *m.* construction

Bauer m. (–n/n) farmer

Bauernhof m. (–e) farmhouse

Baustil m. (-e) style of architecture

Bayer m. (–n/n) Bavarian

Beamte m. or f. (-n) official

bedauern (w.) to regret

bedecken (w.) to cover

bedeuten (w.) to mean

bedeutend important

Bedürfnis n. (-sse) need

Befriedigung f. satisfaction

begabt gifted

begegnen (sein, dat. w.) to meet

begeistert enthusiastic

begleiten (w.) to accompany

Begleiter m. (—) companion

begraben (ä, u, a) to bury

Begriff m. (-e) idea

begrüßen (w.) to say how-do-you-do to, to greet

behaglich comfortable

behandeln (w.) to treat

beherrschen (w.) to govern

beide, die beiden the two

beieinander side by side

beisammen together

bei'wohnen (dat. w.) to be present at

bekannt well-known

bekannt machen mit (w.) to introduce to

Bekannte m. or f. (-n), acquaintance, friend

bekennen (bekennt, bekannte, bekannt) to confess

bekleiden (w.) to fill (a post)

bekommen (bekommt, bekam, bekommen) to get

Beleuchtung f. (-en) light

beliebt favourite

bemerken (w.) to remark

Bemühung f. (-en) effort

Benediktinermönch m. (-e) Benedictine monk

benehmen (sich benimmt, benahm, benommen) behave

beobachten (w.) to look at, to notice

bepflanzen (w.) to plant

bequem comfortable

berauben (w.) to rob

bereiten (w.) to prepare

bereits already

Bergarbeiter m. (—) miner

Bergriese m. (-n/n) huge mountain

Bergschuh m. (-e) climbing-boot

Bergsteiger m. (—) mountaineer

berichten (w.) to tell

berühmt famous

Besatzungsarmee f. (-n) army of occupation

Bescheid trinken (i, a, u) to pledge

besetzt occupied

Besichtigung f. seeing the sights

besiegen (w.) to conquer

Besitz m. property

Besitzer m. (—) owner

besonder special

besonders specially

besorgen (w.) to look after; to buy (tickets)

besprechen (i, a, o) to discuss

bestehen (besteht, bestand, bestanden) to exist; to pass (exam.)

besteigen (ei, ie, ie) to go on board

bestimmt certainly

besuchen (w.) to visit

betören (w.) to befool

betrachten (w.) to look at

betreiben (ei, ie, ie) to drive; to conduct

betreten (betritt, betrat, betreten) to enter

betten (w.) to set

Beurteilung f. judgment
Bevölkerung f. population
bewahren (w.) to preserve
bewegen (w.) to move
bewegen (e, o, o) persuade
beweisen (ei, ie, ie) to prove
Bewohner m. (—) inhabitant
bewundern (w.) to admire
Bewußtsein n. consciousness
bezaubern (w.) to entrance
Bibliothek f. (–en) library
bieder honest
Bierkrug m. (⸚e) beer-mug
bieten (ie, o, o) offer
bilden (w.) to form
billig cheap
bitten (bittet, bat, gebeten) to ask
blank bare
blauweiß white and blue (Bavarian flag)
Blick m. (–e) look, view
blühen (w.) to bloom
Blumenbrett n. (–er) board for putting flowers on
blumengeschmückt adorned with flowers
Boden m. soil
Bodengestaltung f. configuration of the land
Bodensee m. Lake of Constance
böse annoyed
Boxkampf m. (⸚e) boxing-match
brauchen (w.) to need
brauen (w.) to brew
bräunlich brownish
breitschultrig broad-shouldered
brummen (w.) to rumble
Brunnenglas n. (⸚er) glass of mineral water
Bua m. (–n) (Bube) lad
Büchse f. (–n) gun
Bude f. (–n) den (student's lodging)

Bühne f. (–n) stage
bunt colourful
Burg f. (–en) fort
bürgerlich citizenlike
Bursch m. (–en/en) lad
Burschenschaft f. (–en) (one of several names for a corporation of students)

Chor m. (⸚e) chorus

dagegen on the other hand
daher from that
dahin'leben (w.) to live on
dahin'strömen (w.) to roll on
dahin'ziehen (zieht, zog, ist gezogen) to roll on, to go on
da'liegen (ie, a, e) to lie there
damals at that time
dar'stellen (w.) to represent
Darsteller m. (—) performer
dauern (w.) to last
dauernd permanent
Decke f. (–n) blanket
Demut f. humility
derb hearty
deutlich clear
Diandl see Mädel
Dienstmann m. (⸚er) porter
Dolomiten (pl.) Dolomites
Dom m. (–e) cathedral
Donau f. Danube
dortig there
draußen out there
Drehtür f. (–en) revolving door
dreimotorig three-engined
dringen (i, a, ist u) to penetrate
drohen (w.) to threaten
drüben over there
Duell n. (–e) duel
Dünkel m. arrogance
dunkeln (w.) to get dark
Dunst m. haze, fog
durcheinander in confusion

durch'fahren (ä, u, a) to drive through

durch'fallen (fällt durch, fiel durch, ist durchgefallen) to fail an examination

durch'führen w. to carry out

durch'machen (eine Kur, w.) to take the waters

eben flat

Ebene f. (-n) plain

ebenso just as

edel (grapes) fine quality

ehemalig former

Ehre f. (-n) honour

eigen own

eigentlich actually; Was machen Sie denn e.? What exactly are you doing?

eilig hurriedly; Ich habe es e. I'm in a hurry

Eiltempo n.; im E. at speed

Einblick m. (-e) idea

Eindruck m. (¨e) impression

einfach simple

ein'fahren (ä, u, ist a) to drive in

ein'fallen (fällt ein, fiel ein, ist eingefallen) to join in

ein'graben (ä, u, a) to engrave

Einheit f. (-en) unit, unity

einher in

ein'holen (w.) to catch up with

einige a few

ein'laden (ä, u, a) to invite

einmal, mal just, some time (often not translated); noch einmal once more

Einnahme f. (-n) income

einsam lonely

ein'schieben (ie, o, o) to insert

einst formerly

ein'steigen (ei, ie, ist ie) to get in

ein'stellen (w.) to stop

Eintragung f. (-en) entry

ein'treffen (trifft ein, traf ein, ist eingetroffen) to arrive

eintreten für (tritt ein, trat ein, ist eingetreten) to defend, to stick up for

einverstanden O.K.

einzig single; e. schön singularly beautiful

Eisenbahn f. (-en) railway

eisern (adj.) iron

Eispickel m. (—) ice-axe

Elsaß n. Alsace

Eltern (pl.) parents

empfangen (ä, i, a) to receive

empor upwards

endlich finally

Endpunkt m. (-e) terminus

eng narrow

entdecken (w.) to discover

entgegen towards

enthalten (sich ä, ie, a) to prevent oneself

Entlastung f. relief

entschließen (ie, o, o) to resolve

Entschluß m. (¨e) decision

entspringen (i, a, ist u) to rise

enttäuschen (w.) to disappoint

Entwicklung f. (-en) development

Entzücken delight

erbauen (w.) to erect

erblicken (w.) to see (apercevoir)

erfahren (ä, u, a) to find out; (adj.) experienced

Erfahrung f. (-en) experience

Erfolg m. (-e) success

erfreuen sich an (w.) to enjoy looking at

erfreulich pleasant

erfrischend refreshing

erfüllen (w.) to fulfil

erhalten (ä, ie, a) to preserve

erheben (sich e, o, o) to rise

Erhebung f. (-en) height

erholen (sich, w.) to recover
erhören (w.) to hear
erinnern (w.) to remind
erkennen (erkennt, erkannte, er=
kannt) to recognize
Erker m. (—) oriel (window)
erklären (w.) to explain
erlauben (w.) to allow
Erlaubnis f. permission
erleben (w.) to live to see, to
experience
Erlebnis n. (-ffe) experience
erleiden (erleidet, erlitt, erlitten)
to suffer
ernst serious
erregen (w.) to excite
erreichen (w.) to reach
Ersatz m. change, substitution;
zum E. instead
erscheinen (ei, ie, ist ie) to appear
erschlaffend tiring
erst first; erst dann only then
erstarren (sein, w.) to freeze
Erstaunen n. amazement
ertönen (w.) to be heard
ertragen (ä, u, a) to stand
erwähnen (w.) to mention
erweisen (ei, ie, ie) to show
erweitern (w.) to extend
erzählen (w.) to tell
Erzeugnis n. (-ffe) product
Ewigkeit f. eternity
Examen n. (pl. Examina) examination

Fabrik f. (-en) factory
Fach n. (=er) (special) subject
Fachschule f. (-n) craft-school
Fahnenstange f. (-n) flagstaff
fahrbar navigable
Fahrende m. or f. (-n) traveller
Fahrgast m. (=e) passenger
Fahrt f. (-en) journey
Fall m. (=e) case

fallen (fällt, fiel, ist gefallen) to
get killed
fassen (w.) to seize
fast almost
Fechtkampf m. (=e) fencing-
bout
Feind m. (=e) enemy
feindselig of enmity
Fels m. (-en/en) crag
Fensterrahmen m. (—) window-
frame
fern distant; fernab, in der
Ferne in the distance
Fernsprecher m. (—) telephone
fest firm
festhalten (ä, ie, a) to cling (to)
Festspielhaus n. (=er) Festival
Theatre
feststellen (w.) to determine
Filiale f. (-n) branch
Firma f. (pl. Firmen) firm
Flanellhose f. (-n) flannel trousers
fließen (ie, o, ist o) to flow
Flugdauer f.; nach kurzer F. after
being in the air a short time
Flughafen m. (=) Flugplatz m.
(=e) aerodrome
Flugzeug n. (-e) aeroplane
Flußnetz n. (-e) network of rivers
fördern (w.) to promote
Formen (pl.); sehr auf F. halten
to be a stickler for convention
fortfahren (ä, u, ist a) to continue
Fortkommen n. getting on
Frachtdampfer m. (—) cargo-
steamer
Frage f. (-n); das kommt nicht
in F. that is beside the point
Frankreich n. France
französisch French
Frauenkirche f. Church of Our
Lady
Freie n. the open
freilich of course

Fremdkörper m. (—) foreign body, alien element

Freskenmalerei f. (–en) fresco

Freude f. (–n) joy

freudig joyful

freuen (sich, w.) to enjoy, to be glad

friedlich peaceful

frisch brisk

froh merry, glad

fromm pious

Frömmigkeit f. piety

fruchtbar fertile

früh early; in aller Frühe very early

früher former

Führergondel f. (–n) navigation-room

furchtbar fearful

fürchterlich frightful

fühlen (w.); sich wohl f. to feel at ease

Fürst m. (–en/en) prince

Futtertrog m. (⸚e) (feeding) trough

Gang m. (⸚e) passage

ganz quite

gar kein no...at all; gar nicht of course not, not at all

Gartenterrasse f. (–n) terrace of (the) garden

Gasse f. (–n) lane

Gastfreundlichkeit f. hospitality

Gastgeber m. (—) host

Gasthaus n. (⸚er) inn

Gatte m. (–n/n) husband

Gau m. (–e) district

Gebäude n. (—) building

Gebet n. (–e) prayer

gebettet set

Gebiet n. (–e) district

Gebirge n. (—) (range of) mountains

Gebirgsbach n. (⸚e) mountain stream

geboren born

gebräunt sunburnt

Geburtsort m. (–e) birthplace

Gedicht n. (–e) poem

geeignet appropriate

Gefahr f. (–en) danger

gefährlich dangerous

gefallen (gefällt, gefiel, gefallen, dat.) to please

Gefallen n. pleasure

Gefilde n. (—) fields

Gefühl n. (–e) feeling

gegen towards

Gegend f. (–en) district

Gegensatz m. (⸚e) contrast

Gegenteil n.; im G. on the contrary

Gegenwart f. present

gehören (w.) to belong

Geist m. intellect, spirit

geistig intellectual, spiritual

Gelände n. (—) country, grounds

Geländer n. (—) railing

Gelegenheit f. (–en) opportunity, occasion

Gelehrte m. f. (–n) scholar

geloben (w.) to make a promise

Gemeinde n. (–n) community

gemeinnützig of public benefit

gemeinsame Fahrt journey together

Gemeinschaft f. (–n) community

Gemeinschaftsgeist m. community spirit

gemütlich good-natured, comfortable

Gemütlichkeit f. (the German word includes the cosiness, friendliness and leisure which showed in an evening with Mr Pickwick, and is a quality prized and cherished by the Germans as an essential of life. 'Pickwickian cosiness' is the only adequate rendering)

genau exact, certain; for sure
Genauigkeit f. preciseness
geneigt inclined
genießen (ie, o, o) to enjoy
Gepäckschein m. (-e) receipt for luggage
gepflegt well-tended
gerade just
geradezu really
gern with pleasure; zu gerne very much
Geröll n. stony slope (scree); rubble
gesamt whole
Gesang m. (¨e) song
Geschäft n. (-e) shop
geschäftiges Leben herrschte things looked very busy
geschäftlich on business
Geschäftsverkehr m. business activity
geschehen (ie, a, ist e) to happen
gescheuert scrubbed
Geschick n. (-e) destiny; skill
geschützt protected
Geschwindigkeit f. (-en) speed
Gesellschaft f. (-en) company
Gesicht n. (-er) face
gespannt excited
Gestalt f. (-en) figure
gestatten (w.) to permit
gesund healthy
Getränk n. (-e) drink
geübt expert
gewaltig huge
Gewandstück n. (-e) garment
Gewirr n. confusion
gewissermaßen to a certain extent
Gewitter n. (—) thunder-storm
gewöhnen (sich an) (w.) to get used to
gewohnt accustomed
gibt es there is, there are (il y a)
Gießbach m. (¨e) torrent

Glanz m. radiance
glauben (w.) to believe; glaube ich I think
gleich immediately; g. als just as though; kommt dir g. can compare with you
gleichgesinnt congenial
gleiten (gleitet, glitt, ist geglitten) to glide
Gletscher m. (—) glacier
Glockengeläut n. pealing of the bells
Glück n. good luck
glücklich happy
Golfplatz m. (¨e) golf-links
gotisch Gothic
Gottesbild n. (-er) crucifix
Gottesdienst m. (-e) (divine) service
Graf m. (-en) count
Graus m. horror
Grenze f. (-n) limit; frontier
großartig grand
Größe f. size
größer fairly big
Großstädter m. (—) inhabitant of a city
Großtat f. (-en) great deed
Grund m. (¨e) reason
gründen (w.) to found
Gruppe f. (-n) group

halblang half-length
Halle f. (-n) hangar
halten (ä, ie, a) to consider
Haltung f. bearing
Handel m. commerce, trade
Handelsflotte f. (-n) merchant fleet
Handelsstadt f. (¨e) commercial city
Handhabung f. handling
Handschlag m. handshake
Hansestadt (¨e) Hansa town

Hauch *m.* breath
hauptsächlich chiefly
Hauptsitz *m.* (-e) chief seat
Hauptstadt *f.* (¨e) capital
Hauptstraße *f.* (-n) main street
Heeresverwaltung *f.* army command
hehr sublime
heilig sacred
Heimat *f.* home (district, country)
heiter cheerful, fine (weather)
hell bright, light-coloured, clear (voice)
herab'setzen (*w.*) to diminish
herab'steigen (ei, ie, ist ie) to come down
heran'reichen (*w.*) to adjoin
herauf up
heraus'hören (*w.*) to understand
heraus'wachsen (ä, u, ist a) to grow out
Herrenschloß *n.* (¨er) nobleman's castle
herrlich glorious
herrschen (*w.*) to prevail
Herstellung *f.* manufacture
herüber across
hervor'ragen (*w.*) to stand out
herzliche Grüße best wishes
heutig; bis auf den heutigen Tag to the present day
hierher as far as here
Himmel *m.* sky, heaven; um Himmels willen nein goodness no
hindurch'steuern (*w.*) to steer through
hin'geben (sich i, a, e) to yield
hin'schauen (*w.*) to look
hin'schicken (*w.*) to send off
Hinsicht *f.*; in jeder H. in every respect
hin'stellen (*w.*) to put down

hinunter down
hinweg'brausen (*w.*) to roar away
hin'weisen auf (ei, ie, ie) to point out
Hochmut *m.* pride
hochragend towering
höchst highest; höchstens at most
Hofbräuhaus *n.* Court Brewery
hoffen (*w.*) to hope
Hofgarten *m.* (a park in Munich)
höflich polite; Höflichkeit *f.* politeness
Höhe *f.* (-n) height, level; auf halber H. half-way up
holen (*w.*) to fetch
Höllental *n.* (¨er) "Hell Valley"
Holzschemel *m.* (—) wooden stool
Holzschnitzerei *f.* (-en) wood-carving
Hoteldiener *m.* (—) hotel porter
Hügel *m.* (—) hill
huldigen (*w.*) to honour, cherish
Hütte *f.* (-n) cottage

Ideal *n.* (-e) ideal
Idee *f.* (-n) idea
immer schöner more and more beautiful
immer wieder zog es ihn he was repeatedly attracted
indem while
Inder *m.* (—) Indian
Industriegebiet *n.* (-e) industrial district
Innenausstattung *f.* (-en) interior decoration
Inschrift *f.* (-en) inscription
inwiefern? in what way? to what extent?
inzwischen meanwhile
ironisch ironically

ja why, yes, in fact

jagen (w.) to drive
Jahrhundert n. (-e) century
jawohl yes
jenseits on the other side of
jetzig present
Jugend f. young people, youth
Jugendjahre (pl.) early years
Junkersmaschine f. (-n) Junkers plane

Kahn m. (ᐨe) barge
Kai m. (-e) quay
Kaiser m. (—) emperor
Kaiserkrönung f. (-en) imperial coronation
Kameradschaft f. comradeship
Kammer f. (-n) room
Kämpfen n. struggles
Kanal m. (ᐨe) English Channel, canal
Kapelle f. (-n) chapel, band
Käppchen n. (—) cap
kärglich scanty
Karl der Große Charlemagne
Karte f. (-n) map, ticket
Kaufhaus n. (ᐨer) store
kehren (w.) to turn
Kehrseite f. (-n) reverse-side
keineswegs not at all
Keller m. (—) basement
Kellnerin f. (-nen) waitress
kennen lernen (lernte, gelernt) to get to know
Kenntnis f. (-ffe) knowledge
Kessel m. (—) basin
Ketzer m. (—) heretic
keuchen (w.) to pant
Kirche f. (-n) church
Klang m. (ᐨe) sound
Klavierspiel n. piano-playing
kleidsam becoming
Kleidung f. clothing
Kleinbahnzug m. (ᐨe) narrow-gauge train

kleiner smallish
Kleinodie f. (-n) jewel
Klima n. (pl. Klimate) climate
klingen (i, a, u) to sound
klirrt und klingelt es there is a rattling and ringing
Kloster n. (ᐨ) monastery
knapp short
Kneipabend m. evening at a students' club, for drinking, singing, speech-making, etc.
Kohle f. (-n) coal
Kohlenfeld n. (-er) coal-field
Köln Cologne
Kommers m. slang for Kneip=abend
kompliziert complicated
komponieren (w.) to compose
Königsschloß n. (ᐨer) royal castle
konkurrieren (w.) to compete
Konzil n. (-ien) (Church) Council
Korps n. (—) Corps
kostbar valuable
Kosten (pl.) expense
Kraft f. (ᐨe) strength
kräftig strong, vigorous
Kranke m. or f. (-n) invalid
Kreis m. (-e) circle
Kreuz n. (-e) cross
kreuzen (w.) to cross
Krieg m. (-e) war
krönen (w.) to crown
kühl cool
Kulturvolk n. (ᐨer) civilized nation
kümmern (w.) to worry
Kunde f. news
künden (w.) to tell
Kunst f. (ᐨe) art
Kunstausstellung f. (-en) art exhibition
kunstliebend fond of art
Künstler m. (—) artist
künstlerisch artistic

Künstlerviertel *n.* (—) artists' quarter

kunstvoll artistically

Kunstwerk *n.* (-e) work of art

Kuppe *f.* (-n) rounded peak

Kur *f.* (-en) cure

Kurgast *m.* (-̈e) patient

Kurpark *m.* (-s) spa gardens

Kurs *m.* (-e) course

lächeln (*w.*) to smile

lachen (*w.*) to laugh

Laden *m.* (—) shutter

Laib *m.* (-e) loaf

Land *n.* (-̈er) land, country; Lande realms

Landesgrenze *f.* (-n) state boundary

Landmann *m.* (*pl.* Landleute) farmer

Landschaft *f.* (-en) landscape

Landsmann *m.* (*pl.* Landsleute) fellow-countryman

Landsmannschaft *f.* (-en) (club of students from the same Land)

Landstädtchen *n.* (—) little country town

längst long ago, long since

lassen (ä, ie, a) to let

Laubwald *n.* (-̈er) wood of leaved trees

Lauf *m.* (-̈e) course

lauschen (*w.*) to listen to

Laut *m.* (-e) sound; laut (*adj.*) loud

Laute *f.* (-n) lute

lauten (*w.*) to run (quotation)

Lebensmittel (*pl.*) food

lebhaft merry, lively

Lederhose *f.* (-n) leather trousers

Lehrmeister *m.* (—) instructor

Leid *n.* suffering; es tut mir l. I'm sorry

Leidenschaft *f.* (-en) passion

Leidensgeschichte *f.* (-n) story of the Passion

leise quietly

leisten (*w.*); sich etwas leisten to be able to afford something

lenkbar dirigible

leuchten (*w.*) to gleam

leugnen (*w.*) to deny

Leute (*pl.*) people

Lichtstrahl *m.* (-en) ray of light

lieb haben (hatte, gehabt) to love

liebevoll attentive

lieblich pleasant

Lied *n.* (-er) song

links, zur Linken to the left

lobenswert praiseworthy

Lodenjacke *f.* (-n) Loden jacket (a jacket of blanket-cloth)

lohnen (*w.*) to reward

Lokal *n.* (-e) pub, restaurant

los werden (wird, wurde, ist geworden) to get rid of

lösen (*w.*) to cast off (hawsers)

los'reißen (sich ei, i, i) to tear oneself away

Luftkurort *m.* (-e) health-resort

Luftriese *m.* (-n/n) giant of the air

Luftschiff *n.* (-e) airship

Lust haben to desire

Mädchenunterricht (-(e)s) *m.* girls' schools

Mädel *n.* (-s) girl

Majestät *f.* (-en) majesty

Mal *n.* (-e) occasion; *see* einmal; mit einem Male suddenly

malerisch picturesque

manchmal sometimes

Männerkloster *n.* (-̈) monastery

Märchen *n.* (—) tale

Massiv *m.* solid mass

Maßkrug *m.* (¨e) litre mug
Maßnahmen treffen (trifft, traf, getroffen) to take steps
meinen (*w.*); wie meinen Sie bitte? I beg your pardon?
Meinung *f.* (–en) opinion
meist most
Mensur *f.* (–en) duel (friendly)
merken (*w.*) to notice
Messe *f.* (–n) Mass
Mieder *n.* (—) bodice
mindest least
Ministerium *n.* (–ien) Ministry
Minnesänger *m.* (—) minne-singer (German equivalent of troubadour)
mischen (*w.*) to mix
Mißerfolg *m.* (–e) failure
mit′führen (*w.*) to carry with one
Mittag essen (ißt, aß, gegessen) to have lunch
Mittagspause *f.* (–n) stop for lunch
Mittelalter *n.* Middle Ages
Mittelgebirge *n.* (—) range of hills
mittelgroß of average size
mittelhoch fairly high
Mittelmeer *n.* Mediterranean
Mittelpunkt *m.* (–e) centre
mitten hinein in right among
möglichst as far as possible
Mönch *m.* (–e) monk
Mühe *f.* (–n) difficulty
München Munich
Münster *n.* (—) minster
Museum *n.* (*pl.* Museen) museum
Musiker *m.* (—) musician
Mut *m.* courage
Mystik *f.* mysticism

Nachbar *m.* (–n/n) neighbour
nachdem after

nachher afterwards
nach′streben *w.* to strive for
Nachtlager *n.* (—) camp for the night
Nähe *f.* proximity; hier in der N. near here; ganz in der N. close to
näher closer
Näheres details
nähern (sich, *w.*) to approach
nämlich namely
Narbe *f.* (–n) scar
national-sozialistisch, National-socialist, Nazi
Naturkind *n.* (–er) child of nature
Natürlichkeit *f.* naturalness
Naturwunder *n.* (—) miracle of nature
neben next to
nebenbei in passing
Nebenfluß *m.* (¨e) tributary
Neffe *m.* (–n/n) nephew
nett nice
neuerdings recently
nicht wahr? isn't it? (*n'est-ce pas?*)
nichts nothing
Niederlage *f.* (–n) defeat
nieder′lassen (sich ä, ie, a) to sit down
nieder′legen (sich, *w.*) to lie down
niedrig low
noch einmal once more, yet again
noch immer still
Nonnenkloster *n.* (¨) convent
Nordküste *f.* (–n) north coast
Not *f.* depression
nüchtern sober

Oberbayern *n.* Southern Bavaria
Oberschlesien *n.* Upper Silesia
obgleich although
Obstbaum *m.* (¨e) fruit-tree

offenbaren (w.) to reveal
öfter frequently
Ohr n. (-en) ear
Ordnung f. order
Ort m. (-e) place, village
Osten m. east
Ostern (pl.) Easter
Österreich n. Austria

paar; ein p. a few
Paddelboot n. (-e) canoe
Paddelfahrt f. (-en) canoe trip
Palast m. (¨e) palace
Papst m. (¨e) Pope
Paß m. (¨e) pass
paß auf! look!
Passagierdienst m. passenger ser-
   vice
passen (w.) to suit
peinlich precise
Pergament n. (-e) parchment
Pest f. plague
pfeifen (pfeift, pfiff, gepfiffen) to
   whistle
pflegen (w.) to be accustomed to
pflegen (w. or e, o, o) to tend
Phantasie f. imagination
plätschernd babbling
Platz m. (¨e) square
Plätzchen n. (—) spot
plaudern (w.) to chat
plötzlich suddenly
Poesie f. poetry
prächtig magnificent
prangen (w.) to shine
Presse f. newspapers
Probe f. (-n) example
Prosit! your health!
prüfen (w.) to test
Prüfung f. (-en) exam.
Prunk m. splendour
pünktlich exact

Quelle f. (-n) spring

ragen (w.) to tower
rannte (see rennen)
Rast halten (ä, ie, a) to rest
raten (ä, ie, a, dat.) to advise
Rauch m. smoke
rauchen (w.) to smoke
rauh rough
Raum m. (¨e) room
rauschen (w.) to roar
Rebe f. (-n) grape
Recht n. justice; r. haben to be
   right; r. kalt very cold
rechts to the right
Rede f.; keine R. von no question
   of
Reeling f. rail
reg active
regelmäßig regular
Regierung f. (-en) government
reichen (w.) to pass, reach, hand;
   es reicht heran it adjoins
Reichsapfel m. imperial orb
Reichsautobahn f. (-en) arterial
   road
rein clean
Reinlichkeit f. cleanliness
Reisende m. or f. (-n) traveller
Reiseplan m. (¨e) itinerary
reißen (ei, i, ist i) to rush (water)
Reiz m. (-e) charm
reizvoll charming
rennen (rennt, rannte, ist gerannt)
   hin und her r. rush to and fro
Residenz f. (palace in Munich)
restlos absolutely, without excep-
   tions
Rheingau m. region of the Rhine
rheinisch Rhine (adj.) along the
   Rhine
richtig real
Richtung f. (-en) direction
rief an rang up (on telephone;
   see rufen)
Riese m. (-n/n) giant

riesenhaft, riesig gigantic
Ritter m. (—) knight
ritterlich gentlemanly
Rock m. (̈e) skirt
Rolle f. (–n) part (theatre)
Rollfeld n. tarmac
Römerstiege f. Römer staircase
Rückkehr f. return
rufen (u, ie, u) to call
Ruhe f.; in aller R. quite quietly
ruhig quiet
rühmen (w.) to praise
Ruhrgebiet n. the Ruhr
Rundblick m. (–e) panorama
Runde f. (–n) circle
Rundfahrt f. (–en) circular tour

Säbel m. (—) sabre
Sache f. (–n) affair
sachlich matter-of-fact
Sammetjacke f. (–n) velvet jacket
sanft gentle
säubern (w.) to clean
schade a pity; zu s. too bad
Schale f. (–n) dish
schallen (w.) to sound
Schande f. disgrace
Schankraum m. bar parlour
Schar f. (–en) crowd
Schatz m. (̈e) treasure
schätzen (w.) to treasure
schauen (w.) to look
scheinen (ei, ie, ie) to shine, to seem
schenken (w.) to present
Scherzwort n. (–e) joke
scheuern (w.) to scrub
Schicksalsschlag m. (̈e) blow of fate
Schiene f. (–n) rail
schießen (ie, o, o) to shoot
schildern (w.) to describe
schimmern (w.) to shimmer
schlagen (ä, u, a) to strike

schlagfertig quick
schlecht bad
schleppen (w.) to drag
schließen wir uns…an we join
schließlich finally
Schloß n. (̈er) castle
Schlucht f. (–en) gorge
Schlucker m. (—): der arme Schlucker a poor chap
Schmach f. shame
schmecken (w.) to taste; schmeckt es? do you like it?
Schmuck m. ornament; schmuck (adj.) pretty
schmücken (w.) to decorate
Schneefeld n. (–er) snowfield
Schneefernerhaus n. (hotel on the Zugspitze)
Schneid m. pluck
schneien (w.) to snow
Schnelligkeit f. speed
Schnellzug m. (̈e) express (train)
Schnörkel m. (—) scroll
Schnur f. (̈e) cord
schon already (often not translated)
Schönheit f. (–en) beauty
Schornstein m. (–e) chimney
schräg diagonally
schreien (w.) to shout
schreiten (ei, i, ist i) to stride
Schriftzeichen n. (—) letter, (pl.) lettering
Schultertuch n. (̈er) cloth over the shoulders
Schürze f. (–n) apron
Schutt m. rubbish
schützen (w.) to protect
Schutzhütte f. (–n) (alpine) hut
Schwabe m. (–n/n) Swabian
Schwanken n. rolling
Schwarzwald m. Black Forest
Schweiz f. Switzerland
schwer verletzt seriously injured

schwierig difficult
Seevolk n. (¨er) seafaring nation
Segel m. (—) sail
Segen m. blessing
Segler m. (—) sailing-ship
Sehenswürdigkeit f. (-en) sight
Seil n. (-e) rope
Seilbahn f. (-en) rope railway
seitdem since
Semester n. (—) term, half
Sender m. (—) transmitter
senken (sich, w.) to sink
Sentimentalität f. sentimenta-
  lity
Sessel m. (—) armchair
sicher sure
Sicherheit f. safety
Sieger m. (—) victor
Sinn m. (-e) mind, understand-
  ing, sense
Sitte f. morality
soeben just
Soldat m. (-en/en) soldier
sollen (soll, sollte, gesollt) to have
  to, to be said to
sonderbar strange
Sonnenuntergang m. (¨e) sunset
sonnig sunny
Sorge f. (-n) anxiety
Sorgfalt f. care
sorgsam careful
sozialistisch socialist
spärlich sparse
spät late
Spaziergang m. (¨e) walk
Speisesaal m. (-säle) dining-room
Spitze f. (-n) top, point
Sprache f. (-n) language
Spruch m. (¨e) proverb
Staatsgebäude n. (—) government building
Städtchen n. (—) little town
statt'finden (i, a, u) to take place
staunen (w.) to marvel

steigen (ei, ie, ist ie) to step
  (usually upward), to climb
steil steep
Stempel m.; einen S. aufdrücken
  to set a mark
Stern m. (-e) star
stets always
still silent
stimmen (w.); das stimmt that's
  right
Stimmung f. atmosphere
stimmungsvoll charming
stolz proud
Stoß m. (¨e) bump
Stoßring m. (-e) knuckle-duster
strahlen (w.) to radiate; strah=
  lend radiant
Strecke f. (-n) section
Streifen m. (—) strip
Strom m. (¨e) river
stromabwärts downstream
strömen (w.) to stream
Stromlinienautobus m. (-sse)
  streamlined motor-coach
Studium n. time at college
Stufe f. (-n) step
stumm silent
stundenlang for hours
suchen (w.) to try
südöstlich (adj.) south-east
summen (w.) to hum
surren (w.) to whirr
Szene f. (-n) scene

Tagebuch n. (¨er) diary
Tal n. (¨er) valley
Tankanlage f. (-n) petrol-pump
Tannenwald m. (¨er) fir-forest
Tapferkeit f. courage
Tat f.; in der Tat indeed
Tau n. (-e) hawser
Taunus m. (hills north of
  Frankfurt-am-Main)

täuschen (sich, w.) to be mistaken
Teil m. (-e) part
teilen (w.) to share
teil′nehmen an (nimmt, nahm, genommen) to take part in
Terrain n. territory
teuer expensive
Themse f. Thames
Tiefebene f. (-n) plain
Todesfall m. (⸚e) fatal accident
Todsünde f. (-n) deadly sin
Tonnengehalt n. tonnage
Tracht f. (-en) costume
tragen (ä, u, a) to bear, to wear
Tragödie f. (-n) tragedy
trainieren (w.) to train
traut dear
treffen (trifft, traf, getroffen) to meet
treiben (ei, ie, ie) to go in for; drive; (sein) to drift
treu loyal
Trinksitte f. (-n) drinking-custom
tröstend consolingly
Troß m. defiance
Truppen (pl.) troops
trußig defiant, towering
tüchtig hard-working
Turm m. (⸚e) tower
typisch typical

überall everywhere
über′fliegen (ie, o, o) to fly over
überflüssig superfluous
übergeben (i, a, e) to hand over
überholen (w.) to overhaul
übermorgen the day after tomorrow
überraschen (w.) to surprise
Übersee f. overseas
übertragen (ä, u, a) to radiate
übertreiben (ei, ie, ie) to exaggerate

üblich customary
übrig remaining; das Übrige the rest of it
Übungszweck n. (-e) purpose of practice
Ufer n. (—) bank
Uhr f. (-en) clock
umfassend comprehensive
umfliegen (ie, o, o) fly round
Umgangssprache f. language of conversation
umgeben (i, a, e) to surround
Umgebung f. surroundings
umhüllen (w.); er umhüllt gern ...mit he is fond of veiling
umsäumen (w.) to border
umschlingen (i, a, u) to embrace
umso...je all the...the
Umweg m. (-e) detour
unangenehm unpleasant
unbedingt without fail, quite definitely
unbequem uncomfortable
unbeschreiblich indescribable
unerträglich unbearable
unfähig incapable
Ungarn n. Hungary
ungebrochen unbroken
ungefähr approximately, about
ungeheuer huge
unglaublich incredible
Unglück n. (pl. Unglücksfälle) accident
Universität f. (-en) university
Unmensch m. (-en/en) brute
unmöglich impossible
unterbrechen (i, a, o) to interrupt, break (journey)
unterhalb below
unterhalten (sich ä, ie, a) to chat, to carry on a conversation
unterstützen (w.) to support
Unwetter n. bad weather
ursprünglich original

Urteil n. (-e) judgment
urwüchsig real old

verbannen (w.) to ban
verbessern (w.) to improve
verbinden (i, a, u) to connect, unite
Verbindung f. (-en) Corps (students' club)
verbreiten (w.) to spread
verbringen (verbringt, verbrachte, verbracht) to spend (time)
verbünden (sich, w.) to league together
verdienen (w.) to merit
Verehrung f. veneration
Vereinigte Staaten (pl.) United States
verfehlen (w.) to miss
verfolgen (w.) to pursue
verfügen (w.) to dispose of: über Geld verfügen to have plenty of money
Vergangenheit f. past
vergessen (i, a, e) to forget
vergnügt contented
vergolden (w.) to gild
Verhältnis n. (-sse) condition
verhindern (w.) to hinder
Verkehr m. traffic
Verkehrsmittel n. (—) means of transport
Verkehrsnetz n. (-e) network of roads
Verkehrsstraße (-n) traffic artery
Verkleidung f. disguise
verkleinern (w.) to diminish
verklingen (i, a, u) to die away
verknüpfen (w.) to connect
verlachen (w.) to laugh at
verlassen (ä, ie, a) to leave
verlaufen (äu, ie, au) to pass
verletzen (w.) to injure, to wound
verneinen (w.) to say no, to deny

verpassen (w.) to miss
verpflichten (w.) to oblige
verreisen (sein, w.) to go away
verrückt mad
versammeln (w.) to assemble
verschlafen (ä, ie, a) to oversleep to sleep away; (adj.), sleepy
verschwinden (i, a, ist u) to disappear
versehen (ie, a, e); ehe sie sich's versahen they were taken by surprise when
versperren (w.) to block
verspotten (w.) to mock
versprechen (i, a, o) to promise
Verständnis n. understanding
verstehen (e, a, a) to understand
verstrich die Zeit im Fluge the time passed quickly
Versuch m. (-e) experiment
Vertreter m. (—) representative
verwenden (w.) to use
Verwunderung f. surprise
Verwundung f. injury
verzichten auf (w.) to give up the idea of
Verzierung f. (-en) ornament
verzweifeln (w.) to despair
Vieh n. cattle
Viehzucht f. stock-farming
vielmehr rather
vielseitig varied
Villa f. (pl. Villen) villa
Vogelschau f.; aus der V. a bird's-eye view of
Vogesen (pl.) Vosges
Volk n. (-er) people, nation
Volksgemeinschaft f. the nation as one community
Volkslied n. (-er) folk-song
Volksmund m. popular tradition
Volkstanz m. (-e) peasant dance
Volkstum n. national traditions

völlig complete
vollkommen complete, perfect
Vollmond m. full moon
vor sich hin to oneself
voran ahead
vorausgesetzt daß assuming that
vorbei past
Vorberg m. (-e) foot-hill
Vorderwand f. (⸚e) front wall
Vorgang m. (⸚e); **die Vorgänge** what is going on
vorhin just now
Vorkriegsverkehr m. pre-war traffic
vornehm aristocratic
Vorschlag m. (⸚e) suggestion
vor'schlagen (ä, u, a) to suggest
vor'sehen (ie, a, e) to foresee
Vorsitzende m. or f. (-n) president
vor'stellen (sich, w.) to imagine
Vorstellung f. (-en) idea
vorüber past
vorwärts on, forwards
vor'ziehen (zieht vor, zog vor, vorgezogen) to prefer
Vorzug m. (⸚e) advantage

Wadenstrumpf m. (⸚e) stocking (*lit.* calf-stocking; *see* illustration of Schuhplattler)
Waffenstillstand m. armistice
Wagen m. (—) (railway) carriage (motor) car
wagen (w.) to dare
waghalsig risky
wählen (w.) to elect
wahrlich truly
wahrscheinlich probably
Wahrzeichen n. (—) emblem
Wald m. (⸚er) forest; **Wälder** woods
wandern (w.) to hike, to ramble
Wanderung f. (-en) walk, walking-tour

Wange f. (-n) cheek
Waschbecken n. (—) wash-basin
wechseln (w.) to change
Weg m.; **sich auf den W. machen** to go ahead
Weide f. (-n) pasture
weilen (w.) to stay
Weinberg m. (-e) vineyard
Weingebiet n. (-e) wine-country
Weinstock m. (⸚e) vine
weiter farther, wider
wellig undulating
Weltkrise f. (-n) depression (world crisis)
Weltteil m. (-e) hemisphere
wenden (wendet, wandte, gewandt) to turn
wenigstens at least
Werft f. (-en) wharf
Wesen n. (—) nature, character
wetteifern (w.) to compete
Wichs m. full-dress
widmen (w.) to devote
wiederholt repeatedly
Wiedersehen n.; **auf W.!** so long!
wies darauf hin pointed out
Wiese f. (-n) meadow
Winkel m. (—) corner
winken (w.) to wave
Winterspiele (*pl.*) winter games
wirken (w.) to have effect
wirklich really
Wirkung f. (-en) effect
wirtschaftlich economic
Wirtshaus n. (⸚er) inn
Wissenschaft f. learning
wohl probably; apparently; **was sie w. sangen** what they might be singing; (*adj.*) **sich w. fühlen** to feel happy
wollten kein Ende nehmen looked as if they would never stop
wunderbar wonderful

wunderhübſch very pretty
wundern (ſich, w.) to be surprised
Wunſch m. (⸚e) wish
Würde f. dignity
wüten (w.) to rage

Zähigkeit f. obstinacy
Zahl f. (–en) figure
zahlreich numerous
Zauber m. magic
Zauberer m. (—) magician
Zeichen n. (—) sign
zeigen (w.) to point, to show
Zeile f. (–n) line
Zeit f. (–en) time
Zeitlang f.; eine **Z.** for a time
Zelt n. (–e) tent
Zeppelin m. (–e) airship; name
     of its inventor
Zepter n. (—) sceptre
zerſchmettern (w.) to smash up
ziehen (zieht, zog, gezogen),
     (haben) draw; (ſein) go; da=
     hin'ziehen to stretch
Ziel n. (–e) goal, objective

ziemlich fairly
Zier f. ornament
Zipfel m. (—) corner
zu; ging es...zu things were...
zufrieden content
Zug m. (⸚e) train
zu'geben (i, a, e) to grant
zugleich at the same time
zu'hören (w.) to listen
Zukunft f. future
zuletzt finally, last of all
Zurückgezogenheit f. retirement
zurückhaltend reserved
zurück'kehren (ſein, w.) to return
zu'ſagen (w.) to accept
zuſammen'ſchließen (ſich ie, o, o)
     to join together
Zuſchauer m. (—) spectator
Zuverläſſigkeit f. reliability
zwar indeed
Zweck m. (–e) purpose
zweifellos of course
zweitwichtigſt second most im-
     portant
Zwiſchenlandung f. (–en) halt

Printed in the United States
By Bookmasters